Jean Paré

LA CUISINE
faible en gras

La cuisine faible en gras

Droits réservés © 1998 Company's Coming Publishing Limited

Premier tirage mai 1998

Données de catalogage avant publication (Canada)
    La cuisine faible en gras
Traduction de : Low-fat cooking.
Comprend un index.
ISBN 1-896891-34-9
    1. Régimes hypolipidiques-Recettes.
I. Titre.

RM237.7.P3714 1998   641.5'638   C97-901252-X

Publié simultanément au Canada et aux États-Unis d'Amérique par The Recipe Factory Inc. conjointement avec Company's Coming Publishing Limited
2311, 96e Rue
Edmonton (Alberta) Canada
T6N 1G3
Tél. : (403) 450-6223
Téléc. : (403) 450-1857

Jean Paré
LIVRES DE CUISINE

La cuisine faible en gras a été créé grâce au dévouement des personnes et des organismes suivants.

COMPANY'S COMING PUBLISHING LIMITED

Présidente du conseil d'administration
Jean Paré

Président
Grant Lovig

V.-P., Développement des produits
Kathy Knowles

Responsable de la conception
Derrick Sorochan

Conception
Jaclyn Draker
Nora Cserny

Rédaction/ Adjointe de projet
Debbie Dixon

Mise en forme
Marlene Crosbie

THE RECIPE FACTORY INC.

Responsable, Recherche et développement
Nora Prokop

Surveillante, cuisine d'essai
Lynda Elsenheimer

Rédactrice
Stephanie Amodio

Arrangements des aliments
Cora Lewyk

Rédactrice adjointe
Michelle White

Photographe
Stephe Tate Photo

Accessoiriste
Gabriele McEleney

Adaptation française par Françoise L'Heureux, mise en page par Guy L'Heureux, Services T & A inc., La Pêche (Québec) Canada

Sélection chromatique, impression et reliure par Friesens, Altona (Manitoba) Canada
Imprimé au Canada

Nous tenons à remercier les entreprises suivantes de nous avoir fourni une foule d'accessoires pour les photographies.

Chintz & Company
Creations by Design
Dansk Gifts
Eaton's
Enchanted Kitchen
Kitchen Treasures
Le Gnome
Scona Clayworks
Stokes
The Basket House
The Bay
The Glasshouse
The Royal Doulton Store
Tile Town Ltd.
Wicker World
Winter Art Glass Studio Inc.

COUVERTURE

1. Tiramisu, page 63
2. Dijonnaise crémeuse aux épinards, page 134
3. Légumes grillés épicés, page 154
4. Coupes crémeuses au concombre, page 123
5. Poulet au sherry et aux tomates, page 95
6. Poivrons farcis, page 96
7. Entremets léger au citron, page 61

Table des matières

Jean Paré
livres de cuisine

LIVRES DE CUISINE JEAN PARÉ

150 délicieux carrés

Les casseroles

Muffins et plus

Les salades

Délices des fêtes

Les pâtes

Les barbecues

Les dîners

Les tartes

Les recettes légères

La cuisson au micro-ondes

Les conserves

Les casseroles légères

Poulet, etc.

La cuisine pour les enfants

Poissons et fruits de mer

Les pains

La cuisine sans viande

La cuisine pour deux

Déjeuners et brunches

SÉRIE SÉLECTE

Sauces et marinades

Bœuf haché

Haricots et riz

Des repas en trente minutes

Salades à préparer d'avance

Desserts sans cuisson

TITRES INDIVIDUELS

Jean Paré célèbre Noël

Les marmitons - Les collations

La cuisine faible en gras NOUVEAUTÉ

Les marmitons - Les dîners NOUVEAUTÉ (juillet 1998)

avant-propos

De nos jours, de plus en plus de gens cherchent à adopter des habitudes de vie plus saines. Les recettes présentées ici constituent un excellent point de départ! *La cuisine faible en gras* regroupe plus de 150 recettes alléchantes qui contiennent chacune moins de 10 grammes de gras par portion. Quoique cet ouvrage ne prétende nullement être un livre sur la perte de poids ou un plan de régime, les recettes qu'il contient, combinées à un programme d'activité physique approprié, peuvent certainement être incluses dans un mode de vie sain.

Les pages qui suivent contiennent de l'information sur la méthode de calcul du pourcentage de calories provenant de matières grasses qui devraient être incluses dans l'alimentation et sur le calcul de l'apport quotidien maximum en gras. Il est important de comprendre la différence entre les gras saturés et les gras non saturés. Il ne faut pas hésiter à envisager des substituts innovateurs pour remplacer les produits à forte teneur en gras et il faut lire les étiquettes des produits pour comprendre l'information nutritionnelle. Cet ouvrage contient également des conseils utiles sur la cuisson faible en gras et les méthodes de préparation.

Une analyse nutritionnelle est incluse après chaque recette. Elle indique la teneur en calories, en matières grasses, en protéines et en sodium de chaque plat. Pour faciliter la compréhension des graisses dangereuses, la teneur totale en matières grasses est divisée pour distinguer les gras saturés et le cholestérol. Les chiffres donnés sont basés sur les ingrédients utilisés dans chaque recette, à l'exclusion de ceux qui sont marqués comme «facultatifs», «pour garnir» ou «pour décorer». Lorsqu'une alternative est donnée à un ingrédient (par exemple «beurre ou margarine dure»), l'analyse est fonction du premier ingrédient. Lorsqu'une recette donne un nombre variable de portions, l'analyse a été faite d'après la première quantité, c'est-à-dire la plus grosse portion.

Autant pour les alléchants hors-d'œuvre que pour les desserts décadents, toutes ces recettes ont une teneur en gras incroyablement basse. Les rouleaux printaniers au four ou le saté et sauce aux arachides démarrent bien n'importe quel repas. Il suffit de quelques instants pour préparer la rapide focaccia aux légumes grillés ou le bœuf Stroganov pour le dîner ou le souper, et il ne reste ensuite qu'à choisi une délicieuse gâterie, comme la tarte aux bananes et au caramel ou les parfaits au chocolat, pour clore le tout. Pour ceux qui reçoivent pour le thé ou le brunch, cet ouvrage contient des recettes de muffins et de brioches à basse teneur en gras.

D'une couverture à l'autre, *La cuisine faible en gras* déborde de recettes inspirées et testées qui ont merveilleusement bon goût. Quelle délicieuse façon d'adopter un mode de vie sain!

toutes les recettes

ont été analysées d'après la version la plus à jour du Fichier canadien sur les éléments nutritifs de Santé Canada, qui est inspiré de la base de données sur les nutriments du ministère de l'Agriculture des États-Unis (USDA).

Margaret Ng, B.Sc. (hon), M.A.
Diététiste

Au sujet des matières grasses

Les calories sont une mesure d'énergie. Les êtres humains doivent tirer chaque jour cette énergie des nutriments qu'ils consomment.

Les matières grasses, les glucides et les protéines sont toutes des sources d'énergie, mais l'énergie (calories) provenant des matières grasses est plus concentrée :

1 gramme de gras = 9 calories
1 gramme de protéines = 4 calories
1 gramme de glucides = 4 calories

Ainsi, les matières grasses contiennent plus du double des calories par rapport aux glucides et aux protéines. Le nombre de calories dont chaque personne a besoin dépend de sa taille, de son poids et de son mode de vie. Pour déterminer l'apport quotidien en calories dont une personne a besoin, il est préférable de consulter un diététiste. Pour qu'un mode de vie soit sain, on considère que l'apport total en énergie ne doit pas dépasser 30 p. 100, dont moins de 10 p. 100 provenant de gras saturés. Il est question ici de **l'apport quotidien total, et non d'aliments individuels**. Il n'est donc pas interdit de consommer des aliments qui contiennent plus de gras, à condition de manger aussi des aliments qui en contiennent moins et que la moyenne se chiffre à 30 p. 100 par jour.

Comment calculer le pourcentage de calories provenant de matières grasses.

D'abord, il faut multiplier le nombre de grammes de matières grasses que contient un aliment par 9 pour obtenir le nombre de calories provenant du gras.

Matières grasses (en grammes) x 9 (calories/gramme)
= calories provenant du gras

Ensuite, il faut diviser le résultat par le nombre total de calories ingérées, puis multiplier ce nouveau résultat par 100 :

(Calories provenant du gras ÷ apport calorique total)
x 100 = % de calories provenant du gras

Par exemple, 60 mL (1/4 tasse) de cheddar râpé contient 113 calories et 9,3 grammes de matières grasses. Pour calculer le nombre de calories provenant de gras, il faut donc effectuer le calcul suivant :

9,3 grammes x 9 calories/gramme = 83,7 calories
(83,7 calories ÷ 113 calories en tout)
x 100 = 74 % des calories proviennent du gras

Le calcul des pourcentages peut être fastidieux. Combien de grammes de gras peut-on consommer chaque jour?

Bien des gens trouvent plus simple de calculer leur apport quotidien en grammes au lieu d'un pourcentage. Voici une méthode qui permet de le faire.

Multiplier l'apport total en énergie recommandé (ration calorique) par 30 p. 100 (ou 0,3), puis diviser le résultat par 9. Par exemple, en supposant qu'une personne a une ration calorique quotidienne de 1 500 calories et qu'elle veut tirer des matières grasses 30 p. 100 des calories qu'elle ingère :

1 500 calories totales x 0,30 calories provenant
du gras = 500 calories provenant du gras
500 calories provenant du gras ÷ 9 calories/gramme
= 56 grammes de matières grasses par jour

Comme toutes les recettes incluses dans *La cuisine sans gras* contiennent moins de 10 grammes de matières grasses par portion, en choisissant dans le livre 7 ou 8 recettes au cours de la journée, il devrait être possible de s'en tenir à 40 à 70 grammes de matières grasses par jour.

Types de matières grasses

Les aliments contiennent différents types de matières grasses qui ont chacun un effet différent sur l'organisme.

Les gras saturés sont solides à la température de la pièce. On les trouve dans les produits d'origine animale (beurre, fromage, lait, œufs, etc.) et dans certaines plantes tropicales comme les huiles de palme et de noix de coco. L'organisme absorbe difficilement les gras saturés et c'est ce type de matières grasses qui est associé à certains cancers, à la hausse des taux de cholestérol et au risque de maladies du cœur.

Les gras non saturés (matières grasses monoinsaturées et polyinsaturées) sont liquides à la température de la pièce. Ils sont considérés comme moins mauvais que les gras saturés et on pense même qu'ils pourraient contribuer à la réduction des niveaux de cholestérol total et de triglycéride. Malheureusement, un excès de ce type de gras peut causer l'obésité, des calculs biliaires et certains cancers.

Les gras hydrogénés sont d'abord sous forme liquide, mais ils se solidifient avec l'ajout de liaisons hydrogènes. Le processus se résume à la conversion d'une huile liquide en un produit gras plus solide doublée de la création d'acides gras, qui ont malheureusement les mêmes effets sur la santé que les gras saturés. Les huiles hydrogénées sont utilisées pour prolonger la durée de conservation d'un produit parce qu'elles résistent à la décomposition quand elles sont exposées à l'oxygène. Les margarines, le shortening et le beurre d'arachides sont des exemples de ce type de gras.

Le cholestérol est une substance semblable à de la cire qui est produite naturellement par le corps humain et qui se trouve aussi dans les produits d'origine animale (viandes, poissons, volaille, œufs et produits laitiers). Il suffit aux humains d'une petite quantité de cholestérol pour former les hormones, les membranes des cellules, les vitamines et autres substances corporelles. Lorsqu'il y a trop de cholestérol dans le sang, il se dépose généralement dans les artères. Les personnes qui ont un taux de cholestérol élevé devraient limiter leur apport en cholestérol, en gras saturés et en matières grasses totales.

Comme le cholestérol n'est pas présent dans les plantes, les fabricants qui ajoutent la mention «sans cholestérol» sur les huiles végétales, les beurres d'arachides ou les margarines qu'ils produisent ne font de plus que de profiter d'une caractéristique déjà présente dans ces aliments.

Remplacement des produits à forte teneur en gras

Lait : Le lait peut contenir beaucoup de gras saturés. Ainsi, le lait entier contient 3,5 p. 100 de matières grasses, ce qui signifie que 250 mL (1 tasse) de lait contient 8 grammes de gras. À titre de comparaison, le lait 2 % en contient 4,7 grammes, le lait 1 %, 2,6 grammes et le lait écrémé, 0,4 grammes. Le lait de chèvre contient aussi beaucoup de gras, soit 10 grammes par 250 mL (1 tasse). On remplace parfois le lait de vache par du lait de soja chez les gens qui souffrent d'allergies. Par contre, le lait de soja ne contient pas de calcium et il faut donc alors prendre un supplément. Le lait de soja n'est pas un produit laitier et ne contient donc pas de cholestérol, mais 250 mL (1 tasse) de lait de soja contient 5 grammes de matières grasses.

Les recettes incluses dans *La cuisine sans gras* ont été testées en fonction de lait écrémé. La crème épaisse a été remplacée par du lait écrémé évaporé dans les garnitures à dessert, les poudings ou les garnitures de tarte pour les épaissir. Il est surprenant d'apprendre que le babeurre n'est pas aussi riche que son nom l'indique; il est vendu à 1 % ou 2 % de matières grasses. Le babeurre est fabriqué en ajoutant une bactérie spéciale au lait sans gras ou à basse teneur en gras; cette bactérie lui prête une texture un peu plus épaisse et un goût suret. Il est délicieux dans les produits de boulangerie et n'y ajoute qu'un peu de gras, mais de la saveur et de l'humidité.

Le fromage est souvent une importante source de gras, c'est pourquoi dans *La cuisine sans gras*, on se sert de fromages à basse teneur en gras ou partiellement écrémés. De plus, la quantité de fromage par portion dans les recettes a été réduite pour diminuer la teneur totale en matières grasses.

La cuisson avec des huiles ou matières grasses :
Il faut se méfier des gras saturés dans la cuisine. Plus une matière grasse contient de gras saturés, plus elle est ferme. Le beurre est plus dur que la margarine parce qu'il contient plus de gras saturés. Il est préférable de choisir les margarines et les huiles qui contiennent plus de gras polyinsaturés et le moins de gras saturés possible, avec un rapport minimum de 2 pour 1.

Dans *La cuisine sans gras*, on emploie de l'huile de canola ou de l'huile d'olive, qui sont toutes deux riches en gras insaturés, mais faibles en gras saturés. En revanche, toutes les huiles, saturées ou insaturées, contiennent autant de matières grasses et de calories — seul le *type* de gras varie.

Les aérosols pour la cuisson sont le meilleur produit de remplacement des matières grasses pour faire frire, sauter ou revenir des aliments. Ces aérosols sont à base d'huile naturelle et contiennent des petites quantités d'agents propulseurs, c'est pourquoi il est possible de disperser l'huile en une couche beaucoup plus mince qu'avec de l'huile, du beurre ou de la margarine. On peut employer un aérosol à base d'huile d'olive ou à saveur de beurre ou d'ail pour relever le goût des plats.

Avec *La cuisine sans gras*, on a tenté de réduire la teneur en gras de chaque recette sans sacrifier le goût. Après des essais rigoureux, la formule suivante a été établie pour la cuisson de produits de boulangerie à basse teneur en gras : la quantité minimale de gras requise dans les muffins et les brioches est de 15 à 30 mL (1 à 2 c. à soupe) par 250 mL (1 tasse) de farine. Pour les gâteaux et les biscuits, il faut au moins 30 mL (2 c. à soupe) de gras par 250 mL (1 tasse) de farine.

Œufs : Tout le gras que contiennent les œufs est renfermé dans le jaune, c'est pourquoi la quantité d'œufs a été réduite aussi souvent que possible dans *La cuisine sans gras*.

Ainsi, au lieu d'un œuf entier, certaines recettes contiennent 2 blancs d'œufs. D'autres recettes contiennent un succédané de blanc d'œuf (Simply Egg Whites par exemple) ou un produit d'œufs (Egg Beaters par exemple).

1 gros œuf = 50 à 60 mL (¼ tasse) de produit d'œufs

Les succédanés de blancs d'œufs conviennent pour les meringues, mais pas le produit d'œufs complets, parce que les vitamines et les minéraux que contient normalement le jaune de l'œuf sont ajoutés au produit d'œufs et peuvent empêcher la formation de la mousse qui est nécessaire pour faire une meringue.

Sauces à salade et mayonnaise : Ces deux produits peuvent contenir beaucoup de gras. On voudra vérifier que les huiles polyinsaturées sont indiquées comme premier ingrédient sur les étiquettes. Le jus de citron ou les vinaigrettes commerciales qui contiennent peu ou pas d'huile sont encore ce qui remplace le mieux ces produits. Dans la mesure du possible, dans *La cuisine sans gras,* on s'est servi de fines herbes pour relever les vinaigrettes. La moutarde est une tartinade savoureuse pour remplacer les tartinades à sandwich à forte teneur en matières grasses.

Margarines : Les margarines en contenant contiennent plus d'eau et moins de matières grasses que la margarine dure et le beurre, et c'est pour cette raison qu'il est déconseillé de les employer dans les produits de boulangerie ou dans les recettes qui exigent que l'on fasse fondre la margarine. Les margarines de régime contiennent encore plus d'eau et ne devraient être employées que comme tartinades dans des sandwiches ou sur des canapés.

Comment déchiffrer les étiquettes

Les étiquettes alimentaires contiennent une foule de renseignements utiles, mais il faut d'abord savoir comment les lire puis comment interpréter l'information pour adopter un mode de vie sain.

Selon la loi, des **messages sur la santé** doivent figurer sur les produits emballés pour souligner l'importance de l'alimentation en général et pour ne pas exagérer le rôle d'un aliment ou d'un régime en particulier sur le plan de la prévention des maladies. Il n'existe pas un seul produit ou aliment qui puisse à lui seul restaurer la santé d'une personne et les fabricants doivent donc être prudents pour ne pas déformer l'incidence de leurs produits aux fins de promotion de la santé.

Que signifie «léger»? Lorsque le mot «léger» paraît sur une étiquette, cela peut signifier pratiquement n'importe quoi et n'avoir rien à voir avec la teneur en matières grasses du produit. En effet, le mot peut signifier que le produit est pâle, que sa texture est légère ou qu'il contient peu de sucre ou de sel. Il incombe aux fabricants de veiller à éviter toute confusion en fournissant suffisamment de détails sur leurs étiquettes, y compris une clarification du qualificatif «léger» qui est employé.

Lors que la mention **moins de 15 % M.G.** figure sur les produits de viande, cela ne signifie pas que le produit contient moins de 15 p. 100 de calories provenant de matières grasses. En fait, il peut contenir jusqu'à 70 p. 100 de calories provenant de gras. «Moins de 15 % M.G.» est une désignation de la quantité de gras par rapport au poids du produit, et non du pourcentage de calories provenant des matières grasses.

Réglementation alimentaire. Au Canada, l'étiquetage des produits alimentaires se fait, pour le moment, volontairement. Si un fabricant décide d'apposer une étiquette alimentaire sur un produit, il doit alors se conformer à des règlements précis. Aux États-Unis, les fabricants sont légalement tenus d'apposer sur leurs produits des étiquettes d'information nutritionnelle précises et faciles à comprendre. Le tableau (à droite) peut être utile pour déchiffrer et employer correctement cette information.

CANADA

«bas en gras»	contient 3 grammes de gras ou moins par portion indiquée
«léger en gras»	contient 15 grammes de gras ou moins par portion de 100 grammes
«plus bas en gras que...»	contient au moins 25 p. 100 de grammes de gras de moins que le produit régulier
«à teneur réduite en gras»	contient au moins 1,5 gramme de grammes de gras de moins par portion indiquée que le produit régulier
«sans gras» («ne contient pas de gras») («très bas en gras»)	contient 0,5 gramme de gras ou moins par portion de 100 grammes
«léger» (par rapport au gras)	le produit est bas en gras ou ne contient pas de gras ou il contient moins de grammes de gras que le produit régulier
«maigre» (pour les viandes et la volaille hachées)	contient 17 p. 100 ou moins de grammes de gras
«très maigre» (pour les viandes et la volaille hachées)	contient 10 p. 100 ou moins de grammes de gras
«maigre» (autres viandes, volaille, poisson et fruits de mer)	contient 10 p. 100 ou moins de grammes de gras
«très maigre» (autres viandes, volaille, poisson et fruits de mer)	contient 7,5 p. 100 ou moins de grammes de gras

ÉTATS UNIS

«bas en gras» (low-fat)	contient 3 grammes de gras ou moins par portion indiquée
«sans gras» (fat-free)	contient 0,5 gramme de gras ou moins par portion indiquée
«à teneur en gras réduite» (reduced fat)	contient au moins 25 p. 100 de grammes de gras de moins par rapport à un produit comparable
«sans gras saturés» (saturated fat free)	contient 0,5 gramme de gras saturés ou moins par portion indiquée
«à basse teneur en gras saturés» (low saturated fat)	contient 1 gramme de gras saturés ou moins par portion indiquée et pas plus de 15 p. 100 de calories provenant du gras
«léger» (light ou lite)	contient 50 p. 100 ou moins de grammes de gras par rapport au produit régulier
«maigre» (lean) (viandes, volaille, poisson et fruits de mer)	contient moins de 10 grammes de gras en tout (moins de 4,5 grammes de gras saturés et moins de 95 milligrammes de cholestérol) par portion de 100 g
«très maigre» (extra lean) (viandes, volaille, poisson et fruits de mer)	contient moins de 5 grammes de gras en tout (moins de 2 grammes de gras saturés et moins de 95 milligrammes de cholestérol) par portion de 100 g

Hors-d'œuvre

ême quand on a décidé de s'alimenter de façon plus saine et légère, il ne faut pas pour autant se priver du plaisir de grignoter avant le souper! Avec les recettes qui suivent, chaque repas peut commencer par l'entrée parfaite à faible teneur en matières grasses. Qu'il s'agisse d'un cocktail, d'une rencontre spéciale ou d'un simple souper à la maison, ces hors-d'œuvre ajoutent toujours de l'agrément au menu et mettent l'eau à la bouche, d'où le plaisir de les savourer entre amis et en famille.

Canapés aux champignons

La préparation prend 25 minutes. On colore les canapés avec des piments ou des poivrons rôtis. Donne 28 canapés. Photo à la page 17.

Oignon, haché fin	**³/₄ tasse**	**175 mL**
Huile à arôme de beurre (Canola Gold par exemple)	**1 c. à soupe**	**15 mL**
Champignons frais, hachés fin	**3 tasses**	**750 mL**
Farine tout usage	**2 c. à thé**	**10 mL**
Poudre d'ail	**¹/₄ c. à thé**	**1 mL**
Sel	**1 c. à thé**	**5 mL**
Lait écrémé évaporé	**³/₄ tasse**	**175 mL**
Vin blanc	**¹/₄ tasse**	**60 mL**
Tranches de pain	**7**	**7**
Poivre frais, moulu	**¹/₂ c. à thé**	**2 mL**
Tranches de poivron rouge ou de piments doux grillées, pour garnir		

Faire revenir l'oignon dans l'huile, dans une grande poêle à frire à revêtement anti-adhésif, pendant 1 minute. Augmenter le feu à intensité forte. Ajouter les champignons et les faire revenir jusqu'à ce qu'il ne reste plus de liquide. Baisser le feu. ■ Incorporer la farine, la poudre d'ail et le sel. Ajouter lentement le lait et le vin blanc. Laisser bouillir 2 minutes. Retirer du feu. Laisser refroidir à la température de la pièce. ■ Sur une plaque à pâtisserie non graissée, faire légèrement griller au four un côté des tranches de pain. Retirer le pain du four. Étaler le mélange de champignons sur le côté non grillé des tranches, en allant bien jusqu'au bord. Poivrer. ■ Décorer avec les tranches de poivron rôties. Enfourner de nouveau et griller jusqu'à ce que les canapés soient chauds. Couper chaque tranche sur la diagonale pour faire 4 triangles.

Information nutritionnelle

1 canapé : 37 calories; 1 g de protéines; 0,6 g de matières grasses (0,1 g de gras saturés, 0,3 mg de cholestérol); 150 mg de sodium

Rouleaux printaniers au four

Égoutter la garniture avant de la dresser sur la pâte fillo, pour que celle-ci reste croustillante. Donne 60 rouleaux. Photo à la page 17.

Porc ou poulet haché maigre	$^1/_2$ lb	225 g
Oignon haché	1 tasse	250 mL
Champignons, hachés	2 tasses	500 mL
Germes de soja fraîches, hachées, tassées	3 tasses	750 mL
Carottes, râpées	1 tasse	250 mL
Sauce soja à faible teneur en sodium	2 c. à thé	10 mL
Curcuma moulu	$^1/_8$ c. à thé	0,5 mL
Piments rouges du Chili broyés	$^1/_4$ c. à thé	1 mL
Mélange de cinq-épices chinois en poudre	$^1/_8$ c. à thé	0,5 mL
Gingembre moulu	$^1/_4$ c. à thé	1 mL
Sel	1 c. à thé	5 mL
Poivre frais, moulu	$^1/_4$ c. à thé	1 mL
Crevettes cuites, hachées	1 tasse	250 mL
Graines de sésame, grillées	2 c. à thé	10 mL
Feuilles de pâte fillo	20	20
Huile de canola (ou aérosol pour la cuisson)	2 c. à thé	10 mL

Faire sauter le porc avec l'oignon dans une grande poêle à revêtement anti-adhésif ou un wok jusqu'à ce que le porc soit complètement cuit. Égoutter. ■ Ajouter les champignons, les germes de soja et les carottes. Faire revenir jusqu'à ce que les légumes soient légèrement mous. Incorporer les 7 prochains ingrédients. ■ Ajouter les crevettes et les graines de sésame. Remuer. ■ Poser une feuille de pâte fillo sur un plan de travail non fariné. Couvrir le reste de la pâte avec un torchon humide. Badigeonner la feuille de pâte d'une mince couche d'huile. La couvrir d'une seconde feuille de pâte et huiler aussi celle-ci. Couper les deux feuilles en 6 carrés. Dresser 25 à 30 mL (1$^1/_2$ à 2 c. à soupe) de garniture en diagonale sur un tiers de chaque carré de pâte. Replier le coin le plus proche de la pâte sur la garniture. Continuer d'enrouler la garniture dans la pâte, en repliant les bouts à mesure. Poser les rouleaux, avec le bout en dessous, sur une plaque à pâtisserie légèrement graissée. Façonner ainsi les rouleaux jusqu'à ce qu'il ne reste plus de garniture. Égoutter à mesure le liquide qui se dégage de la garniture au porc. Badigeonner légèrement d'huile le dessus des rouleaux. Cuire au four à 375 °F (190 °C) pendant 12 à 15 minutes, jusqu'à ce que les rouleaux soient dorés et croustillants. Servir avec la sauce aux prunes, page 136.

Information nutritionnelle

1 rouleau printanier : 22 calories; 1 g de protéines; 1 g de matières grasses (0,3 g de gras saturés, 5,6 mg de cholestérol); 70 mg de sodium

Rouleaux aux crevettes

On peut déguster ces rouleaux frais ou à la température de la pièce ou les réchauffer à la vapeur. Donne 48 rouleaux. Photo à la page 17.

Riz blanc à grains courts	$^3/_4$ tasse	175 mL
Eau	$1^1/_2$ tasse	375 mL
Vinaigre de riz	1 c. à soupe	15 mL
Sel	1 c. à thé	5 mL
Eau	$^1/_4$ tasse	60 mL
Bouillon aux légumes ou de poulet en cube à basse teneur en matières grasses	$^1/_2$ x $^1/_3$ oz	$^1/_2$ x 10,5 g
Gousse d'ail, émincée	1	1
Crevettes moyennes fraîches, écalées et nettoyées	48	48
Pâte de cari (au rayon des produits orientaux des magasins d'alimentation)	2 c. à soupe	30 mL
Feuilles de pâte de riz de 21,5 cm (8$^1/_2$ po)	12	12
Concombre anglais, non pelé, coupé en quartiers sur la longueur puis en juliennes de 5 cm (2 po)	$^1/_4$	$^1/_4$
Oignons verts, tranchés en lanières de 5 cm (2 po)	2	2
Carotte moyenne, coupée en juliennes de 5 cm (2 po)	1	1
TREMPETTE		
Sauce chili	$^1/_4$ tasse	60 mL
Sauce soja à faible teneur en sodium	2 c. à soupe	30 mL
Vinaigre de riz	2 c. à soupe	30 mL
Raifort commercial	1 c. à thé	5 mL
Bouillon concentré au bœuf (Bovril par exemple)	1 c. à thé	5 mL

Combiner le riz avec la première quantité d'eau, le vinaigre de riz et le sel dans une casserole moyenne. Porter à ébullition. Couvrir. Laisser mijoter pendant 20 minutes jusqu'à ce que le riz soit tendre. Laisser refroidir. ■ Chauffer la seconde quantité d'eau et le morceau de bouillon en cube dans une grande poêle à revêtement anti-adhésif. Faire revenir l'ail dans le bouillon jusqu'à ce qu'il soit mou. Incorporer les crevettes. Faire frire en remuant pendant 3 minutes jusqu'à ce que les crevettes soient cuites. Laisser refroidir les crevettes jusqu'à pouvoir les manipuler. Les trancher en deux sur la longueur et les remettre dans la poêle. Ajouter la pâte de cari. Faire frire en remuant pendant 1 minute. ■ Faire tremper les feuilles de pâte une à une, dans de l'eau chaude pendant 1 minute, jusqu'à ce qu'elles soient molles. Les couper en quatre. Diviser le concombre, les carottes et l'oignon et les disposer sur la largeur, à l'extrémité des feuilles de pâte coupées. Étaler 15 mL (1 c. à soupe) de riz sur les légumes, puis y poser 2 moitiés de crevettes. Rabattre les deux côtés de la pâte sur les crevettes. Enrouler le tout, en commençant à l'extrémité la plus large. ■ **Trempette :** Combiner les 5 ingrédients dans un petit bol. Donne environ 100 mL (6 c. à soupe) de trempette.

Information nutritionnelle

1 rouleau et 2 mL ($^1/_2$ c. à thé) de trempette : 31 calories; 2 g de protéines; 0,6 g de matières grasses (trace de gras saturés, 7,6 mg de cholestérol); 158 mg de sodium

Saté et sauce aux arachides

Il n'est pas indispensable qu'une marinade contienne de l'huile pour attendrir la viande et lui donner du goût. Employer 16 brochettes de bambou de 20 cm (8 po) de long détrempées dans l'eau pendant 10 minutes. Il est plus aisé de trancher le bifteck quand il est encore partiellement gelé. Donne 16 brochettes et 250 mL (1 tasse) de sauce aux arachides. Photo à la page 17.

Bifteck de surlonge, 2 à 2,5 cm (³/₄ à 1 po) d'épaisseur, dégraissé	**1 lb**	**454 g**
MARINADE INDONÉSIENNE		
Gousse d'ail, émincée	**1**	**1**
Gingembre frais, émincé	**1 c. à thé**	**5 mL**
Cassonade, tassée	**¹/₃ tasse**	**75 mL**
Jus de citron, frais ou en bouteille	**2 c. à soupe**	**30 mL**
Sauce soja à faible teneur en sodium	**¹/₂ tasse**	**125 mL**
SAUCE AUX ARACHIDES		
Fromage de yogourt, page 67	**¹/₂ tasse**	**125 mL**
Miel liquide	**2 c. à thé**	**10 mL**
Piments rouges du Chili broyés	**¹/₄ c. à thé**	**1 mL**
Jus de citron, frais ou en bouteille	**2 c. à soupe**	**30 mL**
Beurre d'arachides crémeux	**3 c. à soupe**	**50 mL**
Poudre chili	**¹/₄ c. à thé**	**1 mL**
Sauce soja à faible teneur en sodium	**1 c. à thé**	**5 mL**

Couper le bifteck en longues tranches de 3 mm (¹/₈ po) et les mettre dans un récipient de verre peu profond ou un sac de plastique à fermeture. ■ **Marinade indonésienne :** Combiner les 5 ingrédients dans un petit bol. Verser la marinade sur le bifteck. Retourner les morceaux pour les enrober. Couvrir le plat ou sceller le sac. Laisser le bifteck mariner au réfrigérateur au moins 30 minutes. Sortir le bifteck et jeter le reste de marinade. Enfiler les morceaux de bifteck sur les brochettes de bambou détrempées. Griller au four à 10 cm (4 po) de l'élément chauffant, jusqu'à ce que le bifteck soit à point, ou griller au barbecue à feu assez fort pendant 1¹/₂ minute de chaque côté. ■ **Sauce aux arachides :** Combiner les 7 ingrédients dans un petit bol. Réfrigérer au moins 30 minutes pour que les goûts se mêlent. Servir comme trempette avec les brochettes.

Information nutritionnelle

1 brochette et 5 mL (1 c. à thé) de sauce aux arachides : 76 calories; 8 g de protéines; 2,6 g de matières grasses (0,7 g de gras saturés, 13,7 mg de cholestérol); 336 mg de sodium

Comme grignotise, les bretzels non salés sont une alternative saine, à basse teneur en gras, aux arachides salées.

Gâteau de crêpes

On peut congeler les crêpes supplémentaires pour une autre fois. Donne 2 gâteaux de crêpes, que l'on coupe chacun en 10 pointes. Photo à la page 17.

PÂTE À CRÊPES

Produit d'œufs congelé (Egg Beaters par exemple), dégelé	**¹/₂ tasse**	**125 mL**
Lait écrémé	**2¹/₄ tasses**	**560 mL**
Farine tout usage	**2 tasses**	**500 mL**
Huile de canola	**2 c. à soupe**	**30 mL**

GARNITURE AU FROMAGE

Fromage à la crème tartinable léger aux fines herbes et ail	**8 oz**	**225 g**
Crème sure sans gras	**¹/₄ tasse**	**60 mL**
Poivron vert, coupé en petits dés	**¹/₄ tasse**	**60 mL**
Oignon vert, tranché fin	**1**	**1**
Dinde, jambon ou bœuf fumé, coupé en petits dés	**2 oz**	**57 g**

Persil frais, haché, pour garnir

Pâte à crêpes : Verser les 4 ingrédients dans le mélangeur. Mélanger jusqu'à ce qu'il ne reste plus de grumeaux. Laisser la pâte reposer 1 heure, le temps que les bulles d'air disparaissent. Si la pâte est épaisse, y rajouter du lait écrémé, à raison de 15 mL (1 c. à soupe) à la fois, pour la liquéfier. Verser 30 mL (2 c. à soupe) de pâte à la fois dans une crêpière chaude et légèrement graissée. Incliner la crêpière pour y étaler la pâte. Retirer la crêpe quand le dessous est légèrement doré. Entasser les crêpes en y intercalant des feuilles de papier ciré.

■ **Garniture au fromage :** Combiner les 5 ingrédients dans un bol moyen. Bien mélanger. Étaler 30 mL (2 c. à soupe) de garniture respectivement sur 6 crêpes. Entasser les 6 crêpes l'une sur l'autre. ■ Décorer avec quelques brins de persil. Préparer ainsi 2 gâteaux de crêpes. Réfrigérer plusieurs heures.

Information nutritionnelle

1 pointe : 96 calories; 4 g de protéines; 2,5 g de matières grasses (0,3 g de gras saturés, 2,2 mg de cholestérol); 53 mg de sodium

Rouleaux de poulet au cari

Pour gagner du temps, on peut cuire le poulet d'avance et le réchauffer dans 30 mL (2 c. à soupe) avant de l'ajouter aux tortillas. Servir avec la tartinade grecque aux concombres, page 69. Donne 40 petits rouleaux au poulet. Photo à la page 17.

Huile aux poivrons	**1 c. à thé**	**5 mL**
Filets ou poitrines de poulet désossés et dépouillés, coupés en longues lanières	**1 lb**	**454 g**
Sel	**¹/₄ c. à thé**	**1 mL**
Poivre frais, moulu	**¹/₈ c. à thé**	**0,5 mL**

(Suite...)

Pâte de cari (au rayon des produits orientaux des magasins d'alimentation)	**1 c. à soupe**	**15 mL**
Chutney aux mangues, page 136	**1 c. à soupe**	**15 mL**
Sauce Worcestershire	**¹/₄ c. à thé**	**1 mL**
Concombre anglais, non pelé	**1**	**1**
Oignons verts, tranchés fin sur la longueur	**4**	**4**
Tortillas à la farine, 25 cm (10 po), réchauffées	**4**	**4**
Coriandre fraîche, hachée	**2 c. à soupe**	**30 mL**

Réchauffer l'huile dans une poêle à revêtement anti-adhésif. Saler et poivrer les morceaux de poulet. Faire dorer le poulet dans l'huile chaude pendant 3 minutes, en remuant souvent. ■ Incorporer la pâte de cari, le chutney et la sauce Worcestershire. Faire revenir pendant 10 minutes, jusqu'à ce que le poulet soit complètement cuit. ■ Trancher le concombre en deux sur la longueur. Couper chaque moitié en 4 sur la longueur. ■ Répartir également les oignons verts, le concombre et le poulet à 1 extrémité de chacune des tortillas réchauffées. Garnir de coriandre. Enrouler les tortillas bien serrées et les couper en tranches de 2,5 cm (1 po). Fixer les tranches avec des cure-dents en bois.

Information nutritionnelle

1 rouleau au poulet : 33 calories; 3 g de protéines; 0,5 g de matières grasses (0,1 g de gras saturés, 6,6 mg de cholestérol); 45 mg de sodium

Gâteaux de crêpes à l'ananas

La préparation est simple, mais le résultat est impressionnant. Donne 2 gâteaux, que l'on coupe chacun en 10 pointes.

Pâte à crêpes, page 14

Fromage à la crème tartinable léger	**8 oz**	**225 g**
Crème sure sans gras	**¹/₄ tasse**	**60 mL**
Poivron rouge ou cerises au marasquin, en petits dés	**¹/₄ tasse**	**60 mL**
Sucre à glacer	**2 c. à thé**	**10 mL**
Ananas broyé, en conserve, égoutté et essoré	**8 oz**	**227 mL**

Persil frais, haché, pour garnir

Préparer les crêpes en suivant la méthode expliquée à la page 14. ■ Combiner les 5 prochains ingrédients dans un bol moyen. Bien mélanger. Étaler 30 mL (2 c. à soupe) de garniture respectivement sur 6 crêpes. Entasser les 6 crêpes l'une sur l'autre. ■ Décorer avec quelques brins de persil. Préparer ainsi 2 gâteaux de crêpes. Réfrigérer plusieurs heures.

Information nutritionnelle

1 pointe : 97 calories; 4 g de protéines; 2,3 g de matières grasses (0,3 g de gras saturés, 0,7 mg de cholestérol); 29 mg de sodium

Bruschetta

La bruschetta (brou-CHE-ta) provient du mot italien «bruscare» qui signifie «griller au charbon».
La préparation ne prend que 20 minutes. Donne 15 bruschetta.

Grosses tomates italiennes, épépinées et coupées en dés de 12 mm (¹/₂ po)	**5 ou 6**	**5 ou 6**
Gousses d'ail, écrasées	**2**	**2**
Basilic frais, haché fin	**¹/₄ tasse**	**60 mL**
Huile d'olive	**2 c. à soupe**	**30 mL**
Vinaigre de vin rouge	**2 c. à soupe**	**30 mL**
Sel	**1 c. à thé**	**5 mL**
Poivre frais, moulu	**¹/₄ c. à thé**	**1 mL**
Tranches de pain français, 2,5 cm (1 po) d'épaisseur, légèrement grillées d'un côté	**15**	**15**
Parmesan frais, râpé	**2 c. à soupe**	**30 mL**

Combiner les 7 premiers ingrédients dans un bol moyen. Couvrir. Laisser reposer à la température de la pièce pendant au moins 2 heures pour que les goûts se mêlent. Égoutter. ■ Répartir le mélange de tomates sur le côté non grillé des tranches de pain. ■ Saupoudrer de parmesan, puis poser les tranches sur une plaque à pâtisserie non graissée. Griller au four 15 à 20 cm (6 à 8 po) de l'élément chauffant jusqu'à ce que les côtés soient dorés.

Information nutritionnelle

1 bruschetta : 133 calories; 4 g de protéines; 3,3 g de matières grasses (0,7 g de gras saturés, 0,7 mg de cholestérol); 405 mg de sodium

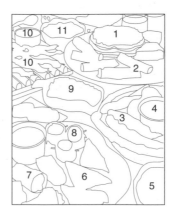

Doigts de poulet

Servir avec la trempette au miel et à la moutarde, page 66, ou la sauce aux prunes, page 136. Doubler la recette pour nourrir plus de gens. Donne 9 doigts de poulet. Photo à la page 17.

Demi-poitrines de poulet, dépouillées, désossées et tranchées en longues lanières de 2,5 cm (1 po) de largeur	**3**	**3**
Gros blancs d'œufs, battus à la fourchette	**2**	**2**
Poudre d'ail	**³/₄ c. à thé**	**4 mL**
Sel assaisonné	**³/₄ c. à thé**	**4 mL**
Poudre d'oignon	**³/₄ c. à thé**	**4 mL**
Persil en flocons	**1 c. à soupe**	**15 mL**
Chapelure de flocons de maïs	**1 tasse**	**250 mL**
Aérosol pour la cuisson, pour rendre croustillant (facultatif)		

Combiner le poulet et les blancs d'œufs dans un bol moyen. Remuer pour couvrir le poulet de blanc d'œuf. ■ Combiner les 5 prochains ingrédients dans un moule à tarte. Passer les morceaux de poulet dans le mélange de chapelure pour bien les enrober puis les poser sur une plaque à pâtisserie légèrement graissée. Vaporiser légèrement les morceaux de poulet avec l'aérosol pour la cuisson. Cuire au four à 400 °F (205 °C) pendant 10 minutes. Retourner les morceaux de poulet. Poursuivre la cuisson au four pendant 10 minutes, jusqu'à ce que le poulet soit complètement cuit et que la chapelure soit croustillante et dorée.

Information nutritionnelle

1 doigt de poulet : 93 calories; 11 g de protéines; 0,8 g de matières grasses (0,2 g de gras saturés, 22,8 mg de cholestérol); 146 mg de sodium

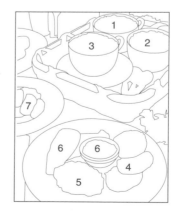

1. Risotto aux asperges, page 24
2. Casserole aux trois haricots, page 26
3. Riz à l'espagnole, page 27
4. Galettes de riz et de champignons, page 21
5. Pilaf de riz et d'orge, page 20
6. Poulet à la semoule et sauce aux tomates fraîches, page 93
7. Rouleaux au riz et aux champignons, page 22

Haricots et riz

es protéines et les glucides sont deux nutriments, entre autres, que renferment les haricots et le riz. Outre leur valeur nutritive, les haricots et le riz se prêtent à une foule de préparations, autant comme plats d'accompagnement que comme plats de résistance.

Pilaf de riz et d'orge

Le pilaf est un plat du Proche-Orient. On commence toujours par faire dorer le riz dans de l'huile ou du beurre avant de le cuire dans le bouillon. Le pilaf peut être servi comme plat de résistance ou en accompagnement. Donne 2,25 L (9 tasses). Photo à la page 18.

Huile à arôme de beurre (Canola Gold par exemple) ou huile de cuisson	**2 c. à thé**	**10 mL**
Riz brun, non cuit	**1 tasse**	**250 mL**
Orge perlé	**³/₄ tasse**	**175 mL**
Oignon haché	**1 tasse**	**250 mL**
Céleri, haché	**1 tasse**	**250 mL**
Bouillon de poulet ou de bœuf, condensé	**2 × 10 oz**	**2 × 284 mL**
Eau	**2 tasses**	**500 mL**
Persil frais, haché	**2 c. à soupe**	**30 mL**
Basilic frais, haché	**2 c. à soupe**	**30 mL**
Poivre frais, moulu	**¹/₂ c. à thé**	**2 mL**
Courgette moyenne, coupée en deux sur la longueur, tranchée	**1**	**1**
Carottes moyennes, tranchées fin	**3**	**3**
Poivron rouge, coupé en dés	**1**	**1**

Réchauffer l'huile dans un grand wok à revêtement anti-adhésif. Faire revenir le riz et l'orge pendant 7 minutes, jusqu'à ce qu'ils soient légèrement dorés. ■ Ajouter l'oignon et le céleri et cuire 3 minutes. ■ Ajouter le bouillon de poulet, l'eau, le persil, le basilic et le poivre. Porter à ébullition. Couvrir et laisser mijoter pendant 40 minutes. ■ Ajouter les courgettes, les carottes et le poivron. Remuer. Couvrir. Cuire 35 minutes, jusqu'à ce que les carottes soient tendres.

Information nutritionnelle

250 mL (1 tasse) : 199 calories; 7 g de protéines; 2,7 g de matières grasses (0,5 g de gras saturés, 0,7 mg de cholestérol); 446 mg de sodium; une excellente source de fibres alimentaires

Galettes de riz et de champignons

Elles sont délicieuses au dîner, accompagnées d'une salade comme la salade méditerranéenne, page 130. Donne 15 galettes. Photo à la page 18.

Huile de canola	**1 c. à thé**	**5 mL**
Oignon, haché fin	**¹/₂ tasse**	**125 mL**
Champignons, hachés fin	**1 tasse**	**250 mL**
Farine tout usage	**3 c. à soupe**	**50 mL**
Poudre d'ail	**¹/₈ c. à thé**	**0,5 mL**
Sel, facultatif	**¹/₂ c. à thé**	**2 mL**
Poivre	**¹/₄ c. à thé**	**1 mL**
Riz brun cuit, froid	**3 tasses**	**750 mL**
Gros blancs d'œufs	**3**	**3**
Crème de tartre	**¹/₈ c. à thé**	**0,5 mL**
Cheddar râpé à basse teneur en matières grasses (moins de 21 % M.G.)	**1 tasse**	**250 mL**

Réchauffer l'huile dans une grande poêle à revêtement anti-adhésif. Faire revenir l'oignon et les champignons jusqu'à ce que le liquide soit presque complètement évaporé. ■ Ajouter la farine, la poudre d'ail, le sel et le poivre. Bien mélanger. Retirer du feu. ■ Combiner le mélange de champignons et le riz froid dans un grand bol. Bien mélanger. ■ Battre les blancs d'œufs et la crème de tartre dans un bol de verre moyen, à haute vitesse, jusqu'à obtenir des pics fermes. Incorporer le fromage en pliant. Ajouter le tout au mélange de riz et bien combiner. Graisser légèrement une grande poêle à revêtement anti-adhésif. Bien réchauffer la poêle. Façonner les galettes avec 30 à 50 mL (2 à 3 c. à soupe) du mélange de riz à la fois et les cuire 4 à 5 minutes de chaque côté, jusqu'à ce qu'elles soient dorées.

Information nutritionnelle

1 galette : 85 calories; 4 g de protéines; 2,3 g de matières grasses (1,1 g de gras saturés, 4,8 mg de cholestérol); 67 mg de sodium

. . . .

Remplacer les fromages réguliers par des fromages sans gras ou à faible teneur en gras (comme du mozzarella partiellement écrémé, du parmesan léger, du fromage cottage 1 % M.G., du fromage à la crème léger ou du fromage à la crème tartinable léger).

Riz et lentilles

On emploie du riz brun à grains longs pour donner de la texture à ce plat. Donne 1,5 L (6 tasses).

Bouillon aux légumes ou de poulet en cube à basse teneur en matières grasses	**3 × 1/3 oz**	**3 × 10,5 g**
Eau bouillante	**3¹/₄ tasses**	**810 mL**
Lentilles vertes ou roses	**1 tasse**	**250 mL**
Riz brun à grains longs	**1 tasse**	**250 mL**
Oignon moyen, haché	**1**	**1**
Vin blanc sec	**²/₃ tasse**	**150 mL**
Gousses d'ail, émincées	**2**	**2**
Basilic déshydraté	**1 c. à thé**	**5 mL**
Origan déshydraté, émietté	**1 c. à thé**	**5 mL**
Thym moulu	**¹/₄ c. à thé**	**1 mL**
Sauce Worcestershire	**1 c. à thé**	**5 mL**
Poivre frais, moulu	**¹/₈ c. à thé**	**0,5 mL**
Demi-tomates séchées au soleil, hachées	**5**	**5**
Tranches de produit de fromage suisse fondu sans gras	**8**	**8**

Combiner les cubes de bouillon et l'eau bouillante dans un grand bol. Remuer pour dissoudre les cubes. Ajouter les 10 prochains ingrédients. Verser le tout dans une cocotte de 3 L (3 pte) légèrement graissée. Cuire au four sous couvert à 350 °F (175 °C) pendant 1¹/₂ heure, en remuant toutes les demi-heures, jusqu'à ce que le riz soit cuit. ■ Incorporer les tomates séchées. Poser les tranches de fromage sur le dessus du plat. Cuire au four à découvert pendant 5 minutes pour faire fondre le fromage.

Information nutritionnelle

250 mL (1 tasse) : 330 calories; 20 g de protéines; 2,5 g de matières grasses (0,4 g de gras saturés, 5,3 mg de cholestérol); 1 364 mg de sodium

Rouleaux au riz et aux champignons

Servir avec de la crème sure légère ou des oignons sautés. Donne 9 portions de 4 rouleaux. Photo à la page 18.

Grosses feuilles de bettes, en moitiés	**18**	**18**
Gros oignon, haché	**1**	**1**
Champignons, tranchés	**2 tasses**	**500 mL**
Huile de canola	**1 c. à soupe**	**15 mL**
Bouillon de poulet condensé	**2 × 10 oz**	**2 × 284 mL**
Eau	**10 oz**	**284 mL**
Riz blanc à grains courts, non cuit	**1¹/₄ tasse**	**300 mL**
Poivre frais, moulu	**¹/₄ c. à thé**	**1 mL**
Eau, vin (blanc ou rouge), jus de tomate ou jus de pomme	**¹/₂ tasse**	**125 mL**

(Suite...)

Passer les feuilles de bettes à la vapeur (ou les laisser 10 secondes dans l'eau bouillante). Laisser refroidir, puis sécher avec un essuie-tout. ■ Faire revenir l'oignon et les champignons dans l'huile jusqu'à ce que l'oignon soit tendre. Ajouter le bouillon de poulet, en en réservant 125 mL (¹/₂ tasse). Ajouter l'eau. Remuer. Porter à ébullition. ■ Ajouter le riz et le poivre. Couvrir. Laisser mijoter pendant 30 à 40 minutes, jusqu'à ce que le riz soit tendre et collant et qu'il ne reste plus de liquide, en remuant après 15 minutes. Laisser refroidir le riz jusqu'à pouvoir le manipuler. Poser une généreuse cuillerée à soupe du mélange de riz sur chaque feuille de bette. Enrouler chaque feuille, en repliant les bords pour emprisonner le riz dans la feuille. Poser les rouleaux dans une cocotte de 3 L (3 pte) légèrement graissée. ■ Verser le bouillon réservé et l'eau dans la cocotte. Couvrir. Cuire au four à 375 °F (190 °C) pendant 1 heure, jusqu'à ce qu'il ne reste plus de liquide et que les bettes soient tendres sous la fourchette.

Information nutritionnelle

1 portion (4 rouleaux) : 172 calories; 7 g de protéines; 2,7 g de matières grasses (0,4 g de gras saturés, 0,7 mg de cholestérol); 642 mg de sodium

Chili de haricots et de riz

La préparation prend environ 20 minutes. Un repas en un plat. Pour 6 personnes.

Riz brun à grains longs	1¹/₂ tasse	375 mL
Eau	2¹/₄ tasses	560 mL
Sel	1 c. à thé	5 mL
Oignon, haché fin	¹/₂ tasse	125 mL
Céleri, haché fin	¹/₂ tasse	125 mL
Gousses d'ail, émincées	3	3
Huile de canola	2 c. à thé	10 mL
Haricots rouges, en conserve, non égouttés	14 oz	398 mL
Haricots pinto, en conserve, non égouttés	14 oz	398 mL
Sauce tomate	14 oz	398 mL
Basilic frais, haché	1 c. à soupe	15 mL
Persil frais, haché	1 c. à soupe	15 mL
Poudre chili	1 à 2 c. à soupe	15 à 30 mL

Combiner le riz, l'eau et le sel dans une grande casserole couverte. Porter à ébullition. Laisser mijoter pendant 40 minutes. ■ Faire revenir l'oignon, le céleri et l'ail dans l'huile, dans une poêle à revêtement anti-adhésif, jusqu'à ce que les légumes soient tendres. ■ Ajouter les 6 derniers ingrédients. Remuer. Laisser mijoter, sous couvert, pendant 30 minutes. Ajouter le riz au chili. Remuer.

Information nutritionnelle

1 portion : 341 calories; 12 g de protéines; 3,9 g de matières grasses (0,5 g de gras saturés, 0 mg de cholestérol); 1 429 mg de sodium; une excellente source de fibres alimentaires

Risotto aux asperges

Le secret du risotto, c'est de remuer sans arrêt. Il vaut mieux servir ce plat sur-le-champ. Donne 1,25 L (5 tasses). Photo à la page 18.

Huile d'olive	1 c. à soupe	15 mL
Oignon haché	¹/₂ tasse	125 mL
Champignons frais, tranchés	1 tasse	250 mL
Riz arborio, non cuit	1¹/₂ tasse	375 mL
Zeste de citron, râpé	2 c. à thé	10 mL
Bouillon de poulet condensé	2 × 10 oz	2 × 284 mL
Eau	1¹/₂ tasse	375 mL
Vin blanc	¹/₂ tasse	125 mL
Asperges fraîches, coupées en morceaux de 2,5 cm (1 po)	3 tasses	750 mL
Eau	¹/₃ tasse	75 mL
Persil frais, haché, pour garnir		

Réchauffer l'huile dans une grande poêle à revêtement anti-adhésif ou un wok. Faire revenir l'oignon et les champignons pendant 5 minutes, jusqu'à ce que l'eau des champignons soit évaporée. ■ Incorporer le riz et le zeste. ■ Combiner le bouillon de poulet avec la première quantité d'eau et le vin. Ajouter 125 mL (¹/₂ tasse) du mélange de bouillon au riz. Cuire, en remuant sans arrêt, jusqu'à ce que le riz ait absorbé le bouillon. Ajouter encore au riz 625 mL (2¹/₂ tasses) du mélange de bouillon, à raison de 125 mL (¹/₂ tasse) à la fois. Ajouter les asperges, puis 375 mL (1¹/₄ tasse) du mélange de bouillon, en 2 fois. Cuire, en remuant sans arrêt, jusqu'à ce qu'il ne reste plus de liquide et que le riz soit tendre et crémeux. ■ Ajouter la seconde quantité d'eau. Retirer du feu. Garnir de persil. Servir sur-le-champ.

Information nutritionnelle

250 mL (1 tasse) : 335 calories; 13 g de protéines; 4,6 g de matières grasses (0,9 g de gras saturés, 1,2 mg de cholestérol); 759 mg de sodium; une bonne source de fibres alimentaires

Quand le panier à pain arrive à la table, il faut essayer de manger le pain sans beurre ou margarine, ou avec une margarine régime qui contient surtout de l'eau.

Riz frit chinois

Le produit d'œufs a le goût des œufs, sans le cholestérol! Donne 2 L (8 tasses).

Huile de canola	**1 c. à thé**	**5 mL**
Produit d'œufs congelé (Egg Beaters par exemple), dégelé	**¹/₂ tasse**	**125 mL**
Huile de canola	**1 c. à thé**	**5 mL**
Oignon haché	**1 tasse**	**250 mL**
Champignons, hachés	**1 tasse**	**250 mL**
Céleri, haché	**1 tasse**	**250 mL**
Poivron vert, haché	**1 tasse**	**250 mL**
Petits pois surgelés	**1 tasse**	**250 mL**
Riz blanc à grains longs, cuit, froid	**4 tasses**	**1 L**
Sel, au goût		
Poivre, au goût		
Sauce soja à faible teneur en sodium	**3 c. à soupe**	**50 mL**

Réchauffer la première quantité d'huile dans une grande poêle à revêtement anti-adhésif ou un wok. Ajouter le produit d'œufs. Cuire 2 minutes. Retourner et cuire l'autre côté 1 minute. Faire glisser sur une planche à découper et couper en lamelles. ■ Chauffer la seconde quantité d'huile dans la poêle à revêtement anti-adhésif. Faire revenir l'oignon, les champignons et le céleri pendant 5 minutes, jusqu'à ce que l'eau des champignons se soit évaporée. ■ Ajouter le poivron vert et les petits pois. Faire revenir pendant 2 minutes, le temps de cuire les pois. Verser les légumes dans un bol moyen. ■ Faire revenir le riz à la poêle pendant 5 minutes. Saler et poivrer. Ajouter l'œuf et les légumes. ■ Arroser le mélange de riz et de légumes d'un filet de sauce soja en les faisant revenir.

Information nutritionnelle

250 mL (1 tasse) : 169 calories; 7 g de protéines; 2,4 g de matières grasses (0,3 g de gras saturés, 0 mg de cholestérol); 307 mg de sodium; une bonne source de fibres alimentaires

Lorsqu'on fait revenir des aliments sans beurre, margarine ou huile, il faut baisser le feu pour éviter qu'ils ne collent ou brûlent.

conseil

Casserole aux trois haricots

Il faut remuer les ingrédients dans la cocotte pour que les goûts se mêlent. Réfrigérer les restes et les réchauffer le lendemain. Donne 2 L (8 tasses). Photo à la page 18.

Oignon moyen, haché	**1**	**1**
Tomates étuvées, en conserve, non égouttées, hachées	**14 oz**	**398 mL**
Haricots blancs, en conserve, égouttés	**19 oz**	**540 mL**
Haricots pinto, en conserve, égouttés	**19 oz**	**540 mL**
Pois chiches, en conserve, égouttés	**19 oz**	**540 mL**
Carottes, grossièrement hachées	**1 tasse**	**250 mL**
Gousse d'ail, écrasée	**1**	**1**
Persil frais, haché	**¹/₄ tasse**	**60 mL**
Feuille de laurier	**1**	**1**
Cassonade, tassée	**¹/₄ tasse**	**60 mL**
Moutarde préparée	**1 c. à soupe**	**15 mL**
Sauce Worcestershire	**¹/₄ c. à thé**	**1 mL**
Sel	**³/₄ c. à thé**	**4 mL**
Poivre	**¹/₄ c. à thé**	**1 mL**

Faire revenir l'oignon jusqu'à ce qu'il soit tendre dans une poêle à revêtement anti-adhésif légèrement graissée. ■ Combiner l'oignon avec les 13 derniers ingrédients dans une cocotte de 3 L (3 pte) non graissée. Couvrir. Cuire au four à 325 °F (160 °C) pendant 1¹/₄ heure, en découvrant le plat la dernière ¹/₂ heure de cuisson.

Information nutritionnelle

250 mL (1 tasse) : 192 calories; 9 g de protéines; 1,4 g de matières grasses (0,2 g de gras saturés, 0 mg de cholestérol); 648 mg de sodium; une excellente source de fibres alimentaires

· ·

Servir des repas avec des portions de viande, de poisson et de volaille plus petites et des portions plus importantes de pâtes, de riz et de légumes.

Riz à l'espagnole

La préparation prend 20 minutes. Donne 1 L (4 tasses). Photo à la page 18.

Bouillon de poulet condensé	**10 oz**	**284 mL**
Eau	**¹/₂ tasse**	**125 mL**
Jus réservé des tomates en conserve		
Riz brun à grains longs, non cuit	**1 tasse**	**250 mL**
Poudre chili	**1 c. à thé**	**5 mL**
Paprika	**1 c. à thé**	**5 mL**
Origan déshydraté	**¹/₂ c. à thé**	**2 mL**
Huile d'olive	**1 c. à thé**	**5 mL**
Gousses d'ail, écrasées	**3**	**3**
Oignon haché	**¹/₂ tasse**	**125 mL**
Poivron vert, haché	**¹/₂ tasse**	**125 mL**
Céleri, haché	**¹/₂ tasse**	**125 mL**
Basilic frais, haché	**1 c. à soupe**	**15 mL**
Tomates en dés, en conserve, jus réservé	**14 oz**	**398 mL**
Persil, pour garnir		

Combiner le bouillon de poulet, l'eau et le jus des tomates dans une grande casserole.
■ Ajouter le riz, la poudre chili, le paprika et l'origan. Porter à ébullition. Couvrir. Laisser mijoter pendant 45 minutes, jusqu'à ce que le riz soit tendre. ■ Chauffer l'huile dans une poêle à revêtement anti-adhésif. Faire revenir l'ail, l'oignon, le poivron vert et le céleri environ 5 minutes, jusqu'à ce que l'oignon soit tendre. ■ Ajouter le basilic et les tomates. Faire revenir pendant 5 minutes. Ajouter le tout au riz cuit. ■ Garnir de persil.

Information nutritionnelle

250 mL (1 tasse) : 257 calories; 9 g de protéines; 3,9 g de matières grasses (0,7 g de gras saturés, 0,8 mg de cholestérol); 662 mg de sodium; une bonne source de fibres alimentaires

Pour remplacer l'aérosol pour la cuisson, il suffit de verser l'huile dans un vaporisateur. C'est un moyen pratique d'asperger les aliments et les récipients au besoin.

conseil

Gâteaux et tartes

ous s'exclameront «oui, avec plaisir!» à l'idée de goûter ces délicieuses gâteries à basse teneur en gras. C'est l'heure du régal. Ces merveilleuses abaisses sont pratiques à avoir sous la main pour les remplir de garniture à tarte ou de mousse. Toutefois, comme elles sont généralement plus friables que les abaisses traditionnelles plus riches, on recommande de ne pas les démouler après la congélation.

Gâteau pas angélique

Servir avec la garniture fouettée, page 57. Veiller à ce que tous les ustensiles et le moule à charnière soient nets de gras pour éviter que le gâteau ne tombe. Pour 12 personnes.

Gros blancs d'œufs (ou 375 mL, 1½ tasse, de succédané de blancs d'œufs comme Simply Egg Whites)	**12**	**12**
Crème de tartre	**1 c. à thé**	**5 mL**
Sel	**¼ c. à thé**	**1 mL**
Essence d'érable	**½ c. à thé**	**2 mL**
Vanille	**1 c. à thé**	**5 mL**
Sucre granulé	**1 tasse**	**250 mL**
Farine de blé entier organique ou moulue fin	**1 tasse**	**250 mL**
Sucre à glacer	**¾ tasse**	**175 mL**

Battre les blancs d'œufs avec la crème de tartre et le sel jusqu'à obtenir des pics mous. ■ Ajouter l'essence d'érable et la vanille. Ajouter peu à peu le sucre granulé, à raison de 15 mL (1 c. à soupe) à la fois, en battant jusqu'à ce que tout le sucre soit incorporé et que le mélange monte en pics fermes. ■ Passer la farine et le sucre à glacer au tamis ensemble à deux reprises. Incorporer en pliant environ le ¼ du mélange de farine aux blancs d'œufs battus, avec une spatule en caoutchouc. Incorporer ensuite le reste du mélange de farine jusqu'à ce qu'il soit combiné aux blancs d'œufs. Verser la pâte dans un moule à charnière non graissé de 25 cm (10 po). Cuire au four à 325 °F (160 °C) pendant 45 minutes jusqu'à ce qu'un cure-dents en bois enfoncé au centre du gâteau ressorte propre. Sortir le gâteau du four et le démouler sur-le-champ pour le laisser refroidir.

Information nutritionnelle

1 portion : 151 calories; 5 g de protéines; 0,2 g de matières grasses (trace de gras saturés, 0 mg de cholestérol); 142 mg de sodium

Tarte aux fraises fraîches

On peut aussi préparer cette tarte avec de la gélatine parfumée à la framboise et des framboises fraîches. Se coupe en 8 pointes.

Sucre granulé	$^3/_4$ **tasse**	**175 mL**
Fécule de maïs	**2 c. à soupe**	**30 mL**
Eau	**1$^1/_2$ tasse**	**375 mL**
Gélatine parfumée à la fraise (en poudre)	**1 × 3 oz**	**1 × 85 g**
Fraises fraîches, tranchées	**3 tasses**	**750 mL**
Abaisse Graham, page 32	**1**	**1**
Sachet de garniture à dessert (Dream Whip par exemple)	**1**	**1**
Lait écrémé	$^1/_2$ **tasse**	**125 mL**
Essence de vanille	**1 c. à thé**	**5 mL**

Fraises fraîches, tranchées, pour garnir

Combiner le sucre et la fécule de maïs dans une casserole moyenne. Incorporer peu à peu l'eau en remuant. Porter à ébullition à feu fort. Laisser bouillir 2 minutes. Ajouter la gélatine. Remuer jusqu'à ce qu'elle soit dissoute. Laisser refroidir quelques instants sur le comptoir. Ajouter les fraises au mélange de gélatine. ■ Verser le tout dans l'abaisse. Étaler une pellicule plastique directement sur le dessus de la tarte. Réfrigérer jusqu'à ce que la garniture soit froide et prise. ■ Battre la garniture à dessert et le lait écrémé selon les directives données sur l'emballage. Ajouter l'essence de vanille. Battre jusqu'à obtenir une crème ferme. Décorer la tarte refroidie de festons de crème. ■ Garnir de fraises.

Information nutritionnelle

1 morceau : 295 calories; 4 g de protéines; 8,3 g de matières grasses (3,2 g de gras saturés, 0,3 mg de cholestérol); 286 mg de sodium

Gâteau des anges au chocolat

Comme on emploie un mélange à gâteau commercial, la préparation ne prend que 10 minutes. Pour 12 personnes.

Mélange à gâteau des anges blanc	**1**	**1**
Cacao	**2 c. à soupe**	**30 mL**

Combiner le mélange à gâteau avec le cacao. Préparer et cuire le gâteau en suivant les directives données sur l'emballage.

Information nutritionnelle

1 portion : 165 calories; 4 g de protéines; 0,2 g de matières grasses (trace de gras saturés, 0 mg de cholestérol); 81 mg de sodium

Gâteau au sucre caramélisé

On ne croirait jamais que ce dessert est bas en gras. La préparation prend 45 minutes. Pour 12 personnes. Photo à la page 35.

Farine à gâteaux	**2 tasses**	**500 mL**
Poudre à pâte	**1¹/₄ c. à thé**	**6 mL**
Bicarbonate de soude	**1¹/₄ c. à thé**	**6 mL**
Sel	**¹/₂ c. à thé**	**2 mL**
Huile à arôme de beurre (Canola Gold par exemple)	**¹/₄ tasse**	**60 mL**
Cassonade, tassée	**²/₃ tasse**	**150 mL**
Vanille	**1¹/₂ c. à thé**	**7 mL**
Poires en conserve, égouttées, en purée	**14 oz**	**398 mL**
Babeurre 1 % de matières grasses	**²/₃ tasse**	**150 mL**
Gros blancs d'œufs	**4**	**4**
Crème de tartre	**¹/₂ c. à thé**	**2 mL**
Cassonade, tassée	**²/₃ tasse**	**150 mL**
SAUCE AU SUCRE CARAMÉLISÉ		
Sucre granulé	**1¹/₄ tasse**	**300 mL**
Lait écrémé évaporé	**³/₄ tasse**	**175 mL**
Pacanes, grillées, moulues fin	**1 c. à soupe**	**15 mL**

Tamiser la farine avec la poudre à pâte, le bicarbonate de soude et le sel dans un bol moyen. ■ Battre l'huile avec la première quantité de cassonade, la vanille et les poires dans un grand bol. Y ajouter le mélange de farine en 3 fois, en alternant avec le babeurre qui est ajouté en 2 fois, en commençant et en terminant par le mélange de farine. Bien combiner après chaque ajout. ■ Battre les blancs d'œufs avec la crème de tartre dans un grand bol jusqu'à obtenir des pics mous. Incorporer graduellement la seconde quantité de cassonade, en battant, jusqu'à obtenir des pics fermes. Incorporer le mélange de blancs d'œufs, à raison de ¹/₃ à la fois, au mélange de farine. Verser le tout dans un moule à charnière de 25 cm (10 po) légèrement graissé. Cuire au four à 350 °F (175 °C) pendant 40 minutes jusqu'à ce qu'un cure-dents en bois enfoncé au centre du gâteau ressorte propre. Laisser refroidir 10 minutes. ■ **Sauce au sucre caramélisé :** Faire fondre le sucre à feu moyen dans une poêle en fonte. Cuire, en remuant sans arrêt, pendant 8 à 10 minutes. Des bosses dures se forment pendant la cuisson, mais elles finissent par fondre. Réduire le feu. Ajouter peu à peu le lait évaporé, en remuant sans arrêt. Remuer jusqu'à obtenir un sirop onctueux et épais, d'un brun doré. Donne 325 mL (1¹/₃ tasse) de sauce. ■ Passer un couteau autour du gâteau. Enlever l'extérieur du moule à charnière. Introduire délicatement un couteau entre le fond du moule et le gâteau. Démouler le gâteau, à l'endroit, sur une grande assiette. Y percer des trous espacés de 4 cm (1¹/₂ po), avec une broche ou une grosse fourchette à viande. Arroser le dessus du gâteau de sauce au sucre caramélisé chaude. Répandre les pacanes sur le dessus.

Information nutritionnelle

1 portion : 334 calories; 5 g de protéines; 5,5 g de matières grasses (0,5 g de gras saturés, 1,1 mg de cholestérol); 334 mg de sodium

Abaisse à la vanille

La préparation ne prend que 10 minutes. À utiliser pour la tarte aux bananes et au caramel, page 37. Donne 1 abaisse simple, soit assez pour 8 portions. Photo à la page 35.

Chapelure de gaufrettes à la vanille	**1¹/₂ tasse**	**375 mL**
Margarine dure, fondue	**2 c. à soupe**	**30 mL**

Combiner la chapelure et la margarine dans un petit bol. Réserver 30 mL (2 c. à soupe) du mélange pour la garniture. Enfoncer le reste dans un moule à tarte de 22 cm (9 po) légèrement graissé. Cuire au four à 350 °F (175 °C) pendant 10 minutes. Laisser l'abaisse refroidir quelques instants avant de la remplir.

Information nutritionnelle

¹/₈ d'abaisse : 135 calories; 1 g de protéines; 6,5 g de matières grasses (1,5 g de gras saturés, 14,9 mg de cholestérol); 92 mg de sodium

Abaisse de flocons de maïs

On peut préparer l'abaisse dans un moule à charnière ou à tarte, avec une garniture au fromage à la crème. Il suffit ensuite de cuire le tout. Donne 1 abaisse simple, soit assez pour 8 portions.

Chapelure de flocons de maïs	**2 tasses**	**500 mL**
Sucre granulé	**1 c. à soupe**	**15 mL**
Margarine dure, ramollie	**1 c. à soupe**	**15 mL**
Eau	**2 c. à thé**	**10 mL**

Combiner la chapelure, le sucre et la margarine dans un robot culinaire. Bien mélanger. ■ Ajouter 5 mL (1 c. à thé) d'eau. Mélanger. Ajouter encore 5 mL (1 c. à thé) d'eau et mélanger. Enfoncer le tout dans un moule à tarte de 22 cm (9 po) légèrement graissé. Cuire au four à 350 °F (175 °C) pendant 10 minutes. Laisser l'abaisse refroidir quelques instants avant de la remplir.

Information nutritionnelle

¹/₈ d'abaisse : 111 calories; 2 g de protéines; 1,5 g de matières grasses (0,3 g de gras saturés, 0 mg de cholestérol); 260 mg de sodium

....

On peut remplacer un œuf entier par un succédané (un produit d'œufs congelé comme Egg Beaters) ou par 2 blancs d'œufs. Un gros œuf contient 5 grammes de gras; 60 mL (¹/₄ tasse) d'Egg Beaters en contient seulement 0,4 gramme. Les blancs d'œufs ne contiennent pas de gras.

Tarte fromagée aux abricots

La préparation prend 30 minutes. La texture est semblable à celle d'un gâteau au fromage. On coupe la tarte en 8 pointes. Photo à la page 35.

Abricots déshydratés	**12**	**12**
Nectar d'abricots	**$^1/_2$ tasse**	**125 mL**
Sucre granulé	**$^1/_4$ tasse**	**60 mL**
Fromage à la crème léger, ramolli	**4 oz**	**125 g**
Sucre granulé	**$^3/_4$ tasse**	**175 mL**
Fromage de yogourt, page 67	**2 tasses**	**500 mL**
Farine tout usage	**2 c. à soupe**	**30 mL**
Vanille	**1 c. à thé**	**5 mL**
Produit d'œufs congelé (Egg Beaters par exemple), dégelé	**$^1/_2$ tasse**	**125 mL**
Abaisse de flocons de maïs, page 31, ou abaisse Graham non cuite (ci-dessous)	**1**	**1**
Garniture fouettée gelée à basse teneur en matières grasses, dégelée (Light Cool Whip par exemple)	**2 tasses**	**500 mL**

Combiner les abricots, le nectar et le sucre dans une petite casserole. Couvrir. Laisser mijoter pendant 10 à 15 minutes, jusqu'à ce que les abricots soient mous. Laisser refroidir, puis verser le tout dans un mélangeur. Mélanger jusqu'à obtenir une purée lisse. ■ Battre le fromage à la crème et le sucre à basse vitesse, dans un grand bol, jusqu'à obtenir un mélange lisse. ■ Ajouter le fromage de yogourt, la farine, la vanille, le produit d'œufs et le mélange d'abricots. Battre jusqu'à ce que le mélange soit lisse. ■ Verser le tout dans une abaisse non cuite. Cuire au four à 325 °F (160 °C) pendant 50 minutes, jusqu'à ce que la garniture soit presque prise au milieu. Éteindre le four. Laisser reposer dans le four pendant 10 minutes. Sortir la tarte du four et la laisser refroidir sur une grille. ■ Décorer avec la garniture fouettée.

Information nutritionnelle

1 morceau : 350 calories; 12 g de protéines; 4,4 g de matières grasses (1,8 g de gras saturés, 10,2 mg de cholestérol); 533 mg de sodium

Abaisse Graham

Si simple et rapide à préparer, on l'utilise comme base pour des tartes ou des desserts. Donne 1 abaisse simple, soit assez pour 8 portions. Photo à la page 35.

Chapelure de biscuits Graham	**1$^1/_2$ tasse**	**375 mL**
Margarine de régime, fondue	**$^1/_3$ tasse**	**75 mL**

Mélanger la chapelure et la margarine dans un petit bol. Enfoncer uniformément le mélange contre le fond et les côtés d'un moule à tarte de 25 cm (10 po) non graissé. Cuire au four à 350 °F (175 °C) pendant 10 minutes. Laisser refroidir.

Information nutritionnelle

$^1/_8$ d'abaisse : 117 calories; 2 g de protéines; 5,9 g de matières grasses (1,2 g de gras saturés, 0 mg de cholestérol); 145 mg de sodium

Gâteau au citron et au pavot

Les citrons frais sont le secret de ce gâteau. Il en faut deux moyens pour le préparer. Pour 12 personnes.
Photo à la page 35.

Farine tout usage	2¹/₂ tasses	625 mL
Bicarbonate de soude	1 c. à thé	5 mL
Graines de pavot	¹/₄ tasse	60 mL
Sel	¹/₂ c. à thé	2 mL
Margarine dure, ramollie	¹/₄ tasse	60 mL
Zeste de citron, râpé	2 c. à soupe	30 mL
Compote de pommes	¹/₄ tasse	60 mL
Sucre granulé	1¹/₂ tasse	375 mL
Gros œuf	1	1
Gros blancs d'œufs	4	4
Babeurre 1 % de matières grasses	1 tasse	250 mL
Jus de citron frais pressé	2 c. à soupe	30 mL
GLAÇAGE AU CITRON		
Jus de citron frais pressé	¹/₄ tasse	60 mL
Sucre à glacer	1¹/₂ tasse	375 mL

Brins de zeste de citron, pour garnir

Combiner la farine, le bicarbonate de soude, les graines de pavot et le sel dans un petit bol. ■ Battre la margarine avec le zeste râpé, la compote de pommes et le sucre dans un autre bol jusqu'à obtenir un mélange léger. Incorporer l'œuf entier et les blancs d'œufs en battant à haute vitesse. ■ Combiner le babeurre et la première quantité de jus de citron dans un grand bol. Incorporer lentement le mélange de farine au mélange d'œufs en 3 fois, en battant, en alternant avec le mélange de babeurre que l'on ajoute en 2 fois, en commençant et en terminant par le mélange de farine. Graisser légèrement un moule à kugelhopf de 2,7 L (12 tasses) et le fariner. Verser la pâte dans le moule. Cuire au four à 325 °F (160 °C), pendant 55 minutes jusqu'à ce qu'un cure-dents en bois enfoncé au centre du gâteau ressorte propre. Ne pas cuire trop longtemps. ■ **Glaçage au citron :** Combiner la seconde quantité de jus de citron et le sucre à glacer dans un petit bol. Mélanger jusqu'à ce que le sucre soit dissous. Piquer le dessus du gâteau avec une fourchette à dents longues. Verser la ¹/₂ du glaçage au citron sur le gâteau. Laisser le gâteau refroidir dans le moule pendant 30 minutes, puis l'inverser sur une assiette. Épaissir le reste du glaçage au citron en y incorporant 250 mL (1 tasse) ou plus de sucre à glacer pour obtenir un glaçage dont on peut arroser le dessus du gâteau refroidi. ■ Décorer avec les brins de zeste.

Information nutritionnelle

1 portion : 336 calories ; 6 g de protéines ; 6 g de matières grasses (1,2 g de gras saturés, 18,7 mg de cholestérol) ; 502 mg de sodium

Gâteau des anges au chocolat maison

Ce gâteau ne contient ni jaunes d'œufs, ni gras. On tamise la farine pour donner au gâteau sa texture légère. Servir avec la garniture fouettée, page 57. Pour 12 personnes. Photo à la page 35.

Farine tout usage	**²/₃ tasse**	**150 mL**
Sucre granulé	**¹/₄ tasse**	**60 mL**
Cacao	**¹/₃ tasse**	**75 mL**
Gros blancs d'œufs (ou 375 mL, 1¹/₂ tasse, de succédané de blancs d'œufs comme Simply Egg Whites)	**12**	**12**
Crème de tartre	**1 c. à thé**	**5 mL**
Vanille	**1 c. à thé**	**5 mL**
Sel, une pincée		
Sucre granulé	**1 tasse**	**250 mL**

Tamiser deux fois la farine avec la première quantité de sucre et le cacao dans un bol moyen. Mettre de côté. ■ Battre les blancs d'œufs avec la crème de tartre, la vanille et le sel jusqu'à ce que le mélange mousse. Incorporer peu à peu, en battant, la seconde quantité de sucre et battre jusqu'à obtenir des pics fermes. Tamiser le ¹/₄ du mélange de farine sur le mélange d'œufs. Incorporer délicatement en pliant, en arrêtant dès que le mélange de farine n'est plus visible. Refaire cette démarche 3 fois. Verser la pâte dans un moule à cheminée non graissé de 25 cm (10 po). Passer un couteau dans la pâte pour éliminer les trous d'air. Cuire au four à 350 °F (175 °C) pendant 50 minutes, jusqu'à ce que le gâteau reprenne sa forme quand on l'effleure. Renverser le moule sur le comptoir et laisser refroidir.

Information nutritionnelle

1 portion : 134 calories; 5 g de protéines; 0,3 g de matières grasses (0,1 g de gras saturés, 0 mg de cholestérol); 85 mg de sodium

Tarte aux bananes et au caramel

La préparation et la cuisson ne prennent que 30 minutes. On coupe la tarte en 8 pointes. Photo à la page 35.

Cassonade, tassée	¹/₄ **tasse**	**60 mL**
Farine tout usage	**2 c. à soupe**	**30 mL**
Fécule de maïs	**2 c. à soupe**	**30 mL**
Sel	¹/₂ **c. à thé**	**2 mL**
Lait écrémé	**1 tasse**	**250 mL**
Lait écrémé évaporé	**1 tasse**	**250 mL**
Produit d'œufs congelé (Egg Beaters par exemple), dégelé	¹/₃ **tasse**	**75 mL**
Vanille	**1 c. à thé**	**5 mL**
Essence de caramel	**1 c. à thé**	**5 mL**
Bananes moyennes, tranchées	**2**	**2**
Abaisse à la vanille, page 31	**1**	**1**
Garniture fouettée gelée à basse teneur en matières grasses, dégelée (Light Cool Whip par exemple), pour garnir		
Bananes, tranchées, pour garnir		

Combiner la cassonade, la farine, la fécule de maïs et le sel dans une casserole moyenne. Incorporer lentement, au fouet, le lait écrémé et le lait évaporé. Chauffer à feu moyen jusqu'à ce que la préparation bouille et épaississe. Retirer du feu. Incorporer peu à peu, au fouet, le produit d'œufs. Chauffer à feu doux pendant 2 minutes. Retirer du feu. Ajouter les essences de vanille et de caramel. ■ Incorporer doucement, en remuant, les bananes tranchées. ■ Verser la garniture dans l'abaisse. Répandre le mélange de chapelure réservé sur le dessus. Poser une pellicule plastique sur la garniture. Réfrigérer jusqu'à ce que la garniture soit froide. ■ Décorer avec la garniture fouettée et les bananes.

Information nutritionnelle

1 morceau : 249 calories; 7 g de protéines; 6,9 g de matières grasses (1,7 g de gras saturés, 16,7 mg de cholestérol); 340 mg de sodium

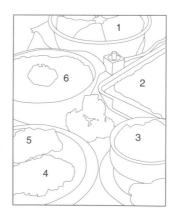

1. Pâté chaud au poulet, page 42
2. Polenta aux légumes, page 104
3. Ragoût de poulet et de flageolets, page 41
4. Pilaf du Mardi gras, page 40
5. Salade au brocoli, page 119
6. Poulet à la mexicaine, page 40

Casseroles et ragoûts

es casseroles et ragoûts qui cuisent dans un seul plat ont toujours été pratiques et savoureux, mais ils sont désormais bas en gras aussi! Cette collection alléchante inclut des plats traditionnels et des nouveautés qui ont été adaptés pour couper le gras.

Morue au four

Les tomates et le poisson sont en accord parfait. Pour 4 personnes.

Tomates étuvées, non égouttées, hachées	28 oz	796 mL
Sucre granulé	1 c. à thé	5 mL
Sauce Worcestershire	2 c. à thé	10 mL
Sel	$^1/_8$ c. à thé	0,5 mL
Oignon, haché fin	$^1/_4$ tasse	60 mL
Filets de morue entiers, coupés en bouchées	1 lb	454 g
Tranches de pain sans arêtes, réduites en chapelure	3	3
Margarine dure, fondue	2 c. à soupe	30 mL

Combiner les 5 premiers ingrédients dans une casserole moyenne. Porter à ébullition. Réduire le feu. Laisser mijoter à découvert pendant 30 minutes, jusqu'à ce que la préparation ait épaissi et réduit. ■ Poser les morceaux de poisson en une couche dans une cocotte de 2 L (2 pte) non graissée. Verser le mélange de tomates sur la morue. ■ Combiner la chapelure et la margarine. Bien mélanger. Répandre le tout sur le poisson. Cuire au four à 375 °F (190 °C) pendant 20 minutes, jusqu'à ce que la chapelure soit dorée et que le poisson s'effeuille à la fourchette.

Information nutritionnelle

1 portion : 263 calories; 24 g de protéines; 7,1 g de matières grasses (1,5 g de gras saturés, 49,4 mg de cholestérol); 895 mg de sodium

Ragoût de dinde et patates douces

Ce plat se prépare facilement à l'avance. On peut le réfrigérer ou le congeler. Pour 6 à 8 personnes.

Poitrine de dinde, désossée et dépouillée	**1¹/₂ lb**	**680 g**
Poireaux, tranchés	**2**	**2**
Grosses branches de céleri, coupées en tranches de 12 mm (¹/₂ po) d'épaisseur	**2**	**2**
Gousse d'ail, émincée	**1**	**1**
Bouillon de poulet en poudre	**³/₄ c. à thé**	**4 mL**
Eau bouillante	**³/₄ tasse**	**175 mL**
Fécule de maïs	**2 c. à soupe**	**30 mL**
Agent de brunissement pour sauces	**1 c. à thé**	**5 mL**
Vin blanc	**¹/₂ tasse**	**125 mL**
Feuilles de laurier	**2**	**2**
Thym moulu	**¹/₂ c. à thé**	**2 mL**
Origan moulu	**¹/₂ c. à thé**	**2 mL**
Sel	**¹/₄ c. à thé**	**1 mL**
Poivre	**¹/₄ c. à thé**	**1 mL**
Petits pois surgelés, dégelés	**1 tasse**	**250 mL**
Maïs surgelé, dégelé	**1 tasse**	**250 mL**
Patates douces, cuites et réduites en purée	**3 tasses**	**750 mL**
Cassonade, tassée (facultative)	**¹/₄ tasse**	**60 mL**
Gros œuf, battu à la fourchette	**1**	**1**
Sel	**¹/₄ c. à thé**	**1 mL**
Poivre	**¹/₄ c. à thé**	**1 mL**
Margarine dure, fondue (ou aérosol pour la cuisson)	**2 c. à thé**	**10 mL**

Couper la dinde en morceaux de 2 cm (³/₄ po). Graisser légèrement un wok ou une poêle à revêtement anti-adhésif et réchauffer à feu assez fort. Faire revenir la dinde jusqu'à ce qu'elle soit légèrement dorée, puis la verser une cocotte de 2 L (2 pte) non graissée. Dans la même poêle, placer les poireaux, le céleri et l'ail et les faire frire en remuant pendant 3 minutes. Ajouter les légumes à la dinde. ■ Dissoudre le bouillon en poudre dans l'eau bouillante dans un petit bol. Ajouter la fécule de maïs, l'agent de brunissement et le vin. Bien mélanger. Verser le tout sur la dinde. Ajouter le laurier, le thym, l'origan, le sel et le poivre. Remuer. Cuire au four sous couvert à 350 °F (175 °C) pendant 45 minutes. Ajouter les petits pois et le maïs. Remuer. Cuire sous couvert pendant 15 minutes, jusqu'à ce que les pois et le maïs soient chauds.

■ Combiner les patates douces et la cassonade, l'œuf, le sel et le poivre jusqu'à obtenir une puré lisse. Étaler le tout sur la dinde et les légumes ou disposer en treillis. Poser des noix de margarine à la surface et cuire au four, à découvert, pendant environ 20 minutes, jusqu'à ce que le dessus soit légèrement doré et chaud.

Information nutritionnelle

¹/₆ du ragoût : 433 calories; 35 g de protéines; 3,9 g de matières grasses (1 g de gras saturés, 106 mg de cholestérol); 488 mg de sodium

Poulet à la mexicaine

On utilise des tomates étuvées à la mexicaine et des poivrons jalapeño pour relever ce plat. Pour 6 personnes. Photo à la page 36.

Riz blanc à grains longs, non cuit	1½ tasse	375 mL
Tomates étuvées à la mexicaine, en conserve, non égouttées, hachées ou défaites	2 × 14 oz	2 × 398 mL
Gousses d'ail, écrasées	2	2
Oignon moyen, haché	1	1
Poivron jalapeño, en petits dés (facultatif)	1	1
Poudre chili	1 c. à thé	5 mL
Eau	1½ tasse	375 mL
Morceaux de poulet, dépouillés, désossés et dégraissés	2 lb	900 g
Coriandre ou persil frais, haché, pour garnir		

Étaler le riz dans une cocotte de 3 L (3 pte) légèrement graissée. ■ Combiner les tomates, l'ail, l'oignon, le poivron jalapeño, la poudre chili et l'eau dans un bol moyen. Bien remuer. Verser la moitié du mélange sur le riz. Disposer les morceaux de poulet sur le riz, puis arroser avec le reste du mélange de tomates. Cuire au four sous couvert à 325 °F (160 °C) pendant 1½ heure, jusqu'à ce que le poulet soit cuit et qu'il ne reste plus de liquide. ■ Garnir de coriandre.

Information nutritionnelle

1 portion : 311 calories; 21 g de protéines; 2,7 g de matières grasses (0,6 g de gras saturés, 49,7 mg de cholestérol); 428 mg de sodium

Pilaf du Mardi gras

Un attrayant contraste de couleurs pâles et foncées. La préparation ne prend que 20 minutes. Pour 6 personnes. Photo à la page 36.

Huile d'olive	1 c. à thé	5 mL
Poitrines de poulet, coupées en deux, dépouillées, désossées et coupées en tranches	3	3
Oignon moyen, grossièrement haché	1	1
Gros poivron vert, haché	1	1
Gousses d'ail, écrasées	2	2
Haricots noirs, en conserve, égouttés et rincés	19 oz	540 mL
Tomate en dés, en conserve, non égouttées	14 oz	398 mL
Salsa, moyenne ou épicée	1 tasse	250 mL
Eau	1 tasse	250 mL
Riz blanc à grains courts, non cuit	1 tasse	250 mL
Cumin moulu	¼ c. à thé	1 mL
Curcuma moulu	½ c. à thé	2 mL
Cannelle moulue	¼ c. à thé	1 mL
Sel	¼ c. à thé	1 mL

(Suite...)

Réchauffer l'huile dans une poêle à revêtement anti-adhésif. Ajouter le poulet, l'oignon, le poivron vert et l'ail et les faire revenir en remuant environ 5 minutes, jusqu'à ce que le poulet commence à dorer. ■ Ajouter les 9 derniers ingrédients. Porter à ébullition. Laisser mijoter, sous couvert, environ 20 minutes, en remuant de temps en temps, jusqu'à ce que le riz soit tendre et que le poulet soit cuit.

Information nutritionnelle

1 portion : 306 calories; 22 g de protéines; 2,2 g de matières grasses (0,4 g de gras saturés, 34,2 mg de cholestérol); 1 016 mg de sodium

Ragoût de poulet et de flageolets

Le terme flageolets vient du mot italien «fagioli» (fa-ZO-li) qui signifie haricots. Servir dans des bols avec du pain croûté frais. Pour 6 personnes. Photo à la page 36.

Poitrines de poulet, coupées en deux, dépouillées et désossées	**4**	**4**
Vinaigrette italienne à basse teneur en matières grasses	**¹/₄ tasse**	**60 mL**
Gros oignon, grossièrement haché	**1**	**1**
Gousse d'ail, écrasée	**1**	**1**
Céleri, tranché en morceaux de 6 mm (¹/₄ po)	**1 tasse**	**250 mL**
Carotte tranchée, en médaillons de 6 mm (¹/₄ po)	**1 tasse**	**250 mL**
Pommes de terre moyennes, pelées et coupées en cubes de 4 cm (1¹/₂ po)	**3**	**3**
Bouillon de poulet condensé	**10 oz**	**284 mL**
Romarin déshydraté, écrasé (ou 1 brin frais)	**1 c. à thé**	**5 mL**
Basilic frais, haché	**¹/₄ tasse**	**60 ml**
Demi-tomates séchées au soleil, ramollies dans l'eau bouillante pendant 5 minutes, hachées fin	**6**	**6**
Haricots cannellini, en conserve (ou haricots blancs), égouttés	**19 oz**	**540 mL**

Couper le poulet en gros morceaux de 2,5 cm (1 po). Le combiner avec la vinaigrette dans un bol moyen. Laisser reposer le temps de préparer les légumes. ■ Graisser légèrement une poêle à revêtement anti-adhésif ou un wok. Faire revenir l'oignon et l'ail pendant 2 minutes. Ajouter le poulet et la vinaigrette. Faire revenir pendant 5 minutes. ■ Ajouter le céleri, les carottes, les pommes de terre, le bouillon, les fines herbes et les tomates. Réduire le feu. Laisser mijoter sous couvert pendant 40 minutes, jusqu'à ce que les légumes soient tendres. Incorporer les haricots. Laisser mijoter à découvert jusqu'à ce que le ragoût soit chaud.

Information nutritionnelle

1 portion : 215 calories; 26 g de protéines; 2,5 g de matières grasses (0,6 g de gras saturés, 46,8 mg de cholestérol); 653 mg de sodium

Pâté chaud au poulet

On retrouve le bon goût maison du pâté chaud traditionnel, mais avec moins de gras! Pour 6 personnes.
Photo à la page 36.

Poitrines de poulet, coupées en deux, dépouillées, et coupées en morceaux de 2,5 cm (1 po)	**6**	**6**
Gros oignon, haché	**1**	**1**
Gousse d'ail, écrasée	**1**	**1**
Champignons frais, tranchés	**1 tasse**	**250 mL**
Carottes, tranchées fin	**2 tasses**	**500 mL**
Céleri, tranché	**1¹/₂ tasse**	**375 mL**
Sauge moulue	**¹/₈ c. à thé**	**0,5 mL**
Thym moulu	**¹/₈ c. à thé**	**0,5 mL**
Poivre frais, moulu	**¹/₂ c. à thé**	**2 mL**
Bouillon de poulet condensé	**10 oz**	**284 mL**
Lait écrémé évaporé	**13¹/₂ oz**	**385 mL**
Farine tout usage	**¹/₃ tasse**	**75 mL**
GARNITURE		
Farine tout usage	**²/₃ tasse**	**150 mL**
Farine de blé entier	**¹/₂ tasse**	**125 mL**
Poudre à pâte	**1 c. à soupe**	**15 mL**
Sel	**¹/₂ c. à thé**	**2 mL**
Sucre granulé	**¹/₂ c. à thé**	**2 mL**
Huile d'olive ou huile de canola	**2¹/₂ c. à soupe**	**37 mL**
Lait écrémé	**¹/₂ tasse**	**125 mL**

Graisser légèrement une poêle à revêtement anti-adhésif ou un wok et réchauffer à feu assez fort. Y mettre la ¹/₂ des morceaux de poulet et les saisir, jusqu'à ce que le poulet commence tout juste à dorer. Retirer le poulet de la poêle avec une écumoire et le placer dans une cocotte de 3 L (3 pte) légèrement graissée. Cuire ainsi le reste du poulet. ■ Dans la même poêle, faire revenir l'oignon, l'ail et les champignons jusqu'à ce que l'oignon soit tendre. Ajouter les carottes, le céleri, les fines herbes et le poivre. Faire frire en remuant pendant 2 minutes. Ajouter le bouillon de poulet. Porter à ébullition. Réduire le feu. Laisser mijoter sous couvert pendant 20 minutes, jusqu'à ce que les carottes soient tendres. ■ Combiner le lait évaporé et la farine dans un bocal jusqu'à ce qu'il ne reste plus de grumeaux. Verser lentement dans la poêle et cuire jusqu'à ce que la préparation bouille et épaississe. Verser sur le poulet et remuer. ■ **Garniture :** Combiner les 5 ingrédients secs dans un bol moyen. Incorporer l'huile et bien mélanger. Incorporer le lait à la fourchette jusqu'à ce que la farine soit bien combinée. Pétrir la pâte 8 à 10 fois sur une surface farinée. L'abaisser à la main ou au rouleau pour qu'elle couvre le poulet. Couper la pâte en pointes ou en carrés et en couvrir le poulet. Cuire au four à découvert à 425 °F (220 °C) pendant 20 à 25 minutes, jusqu'à ce que la sauce bouillonne et que la garniture soit légèrement dorée.

Information nutritionnelle

1 portion : 405 calories; 40 g de protéines; 8,5 g de matières grasses (1,5 g de gras saturés, 71 mg de cholestérol); 760 mg de sodium

Pâté au bœuf chaud

L'utilisation de pâte fillo exige un peu plus de temps, mais le résultat en vaut la peine. Pour 6 à 8 personnes.

Haut de surlonge maigre, coupé en cubes de 12 mm ($^1/_2$ po)	**1 lb**	**454 g**
Bouillon de bœuf condensé (284 mL, 10 oz), additionné d'eau pour faire	**2 tasses**	**500 mL**
Carottes en tranches de 12 mm ($^1/_2$ po) d'épaisseur	**1$^1/_2$ tasse**	**375 mL**
Navet, coupé en cubes de 12 mm ($^1/_2$ po)	**1$^1/_2$ tasse**	**375 mL**
Gros oignon, coupé en gros quartiers sur la hauteur	**1**	**1**
Pommes de terre rouges, non pelées, en dés	**1$^1/_2$ tasse**	**375 mL**
Marjolaine moulue	**$^1/_4$ c. à thé**	**1 mL**
Thym déshydraté	**$^1/_2$ c. à thé**	**2 mL**
Origan déshydraté	**$^1/_2$ c. à thé**	**2 mL**
Sel	**$^1/_2$ c. à thé**	**2 mL**
Farine tout usage	**$^1/_3$ tasse**	**75 mL**
Lait écrémé évaporé	**$^1/_2$ tasse**	**125 mL**
Petits pois surgelés	**1 tasse**	**250 mL**
Feuilles de pâte fillo, dégelées	**2**	**2**
Margarine dure, fondue (ou aérosol pour la cuisson)	**2 c. à thé**	**10 mL**
Chapelure fine	**2 c. à soupe**	**30 mL**

Couvrir les cubes de bœuf avec le bouillon de bœuf dans une grande casserole ou un faitout. Porter à ébullition. Réduire le feu. Laisser mijoter, sous couvert, pendant 15 minutes. Incorporer les carottes et le navet. Couvrir. Laisser mijoter pendant 10 minutes. Ajouter l'oignon, les pommes de terre, les fines herbes et le sel. Couvrir. Laisser mijoter jusqu'à ce que les légumes soient tendres. ■ Combiner la farine et le lait avec un petit fouet jusqu'à ce qu'il ne reste plus de grumeaux. Incorporer au mélange de légumes et cuire jusqu'à épaississement. Incorporer les petits pois. Réchauffer le tout. Verser dans une cocotte de 3 L (3 pte) non graissée. ■ Poser à plat 1 grande feuille de pâte fillo. La badigeonner avec 5 mL (1 c. à thé) de margarine et y répandre la $^1/_2$ de la chapelure. Couvrir avec une autre feuille de pâte. Badigeonner avec 5 mL (1 c. à thé) de margarine et y répandre le reste de la chapelure. Couper tout en deux sur la largeur et poser les deux moitiés l'une sur l'autre. Couper en bandes de 2,5 cm (1 po). Former un treillis avec les bandes sur le dessus de la cocotte ou les poser en diagonale. Couper les bouts qui dépassent et les replier en dessous. Cuire au four à 375 °F (190 °C) pendant 25 à 30 minutes, jusqu'à ce que le pâté soit chaud et le dessus, doré.

Information nutritionnelle

$^1/_6$ du pâté : 254 calories; 22 g de protéines; 5 g de matières grasses (1,7 g de gras saturés, 36,5 mg de cholestérol); 709 mg de sodium

Poulet Riviera

Pour obtenir 750 mL (3 tasses) de poulet cuit haché, on commence avec 3 poitrines de poulet moyennes entières (environ 560 g, 1¹/₄ lb). Couvrir et laisser mijoter à la poêle dans environ 250 mL (1 tasse) d'eau pendant 12 à 14 minutes, jusqu'à ce que le poulet soit cuit. Pour 6 personnes.

Rotini ou autres pâtes en spirale	**2 tasses**	**500 mL**
Eau bouillante	**8 tasses**	**2 L**
Sel (facultatif)	**1 c. à thé**	**5 mL**
Poireaux, partie blanche seulement, tranchés fin	**1³/₄ tasse**	**425 mL**
Champignons frais, tranchés	**3 tasses**	**750 mL**
Bouillon de poulet condensé	**10 oz**	**284 mL**
Vin blanc	**¹/₂ tasse**	**125 mL**
Fécule de maïs	**2 c. à soupe**	**30 mL**
Eau	**¹/₂ tasse**	**125 mL**
Gruyère à basse teneur en matières grasses, râpé	**¹/₂ tasse**	**125 mL**
Poulet cuit, haché	**3 tasses**	**750 mL**
Cœurs d'artichauts en conserve, égouttés et hachés	**14 oz**	**398 mL**
Demi-tomates séchées au soleil, ramollies dans l'eau bouillante pendant 10 minutes, hachées fin	**4**	**4**
Persil frais, haché (facultatif)	**¹/₄ tasse**	**60 mL**

Cuire les pâtes dans l'eau bouillante et le sel, dans un grand faitout découvert, pendant 7 à 9 minutes jusqu'à ce qu'elles soient tendres, mais fermes. Égoutter. Rincer et égoutter de nouveau. Mettre de côté. ■ Graisser légèrement une grande poêle à revêtement anti-adhésif ou un wok. Faire revenir les poireaux et les champignons jusqu'à ce qu'il ne reste plus de liquide. Ajouter le bouillon et le vin. Délayer la fécule de maïs dans l'eau dans une petit tasse et ajouter au mélange de bouillon. Porter à ébullition, en remuant jusqu'à ce que la préparation épaississe. Retirer du feu. ■ Incorporer le fromage, le poulet, les cœurs d'artichauts, les tomates et les pâtes. Verser le tout dans une cocotte de 2 L (2 pte) légèrement graissée. Cuire au four à 375 °F (190 °C) pendant 30 minutes jusqu'à ce que la préparation soit bien chaude. ■ Garnir de persil.

Information nutritionnelle

1 portion : 359 calories; 35 g de protéines; 6,1 g de matières grasses (2,3 g de gras saturés, 70,2 mg de cholestérol); 566 mg de sodium

Variante : Pour modifier le goût, incorporer 30 mL (2 c. à soupe) de basilic frais haché et 15 mL (1 c. à soupe) de sucre granulé au plat avant la cuisson au four.

Desserts

O n a toujours de l'appétit pour le dessert, surtout quand il est bas en gras. Il n'y a pas de risque à se laisser tenter par ces irrésistibles gâteries, en toute bonne conscience, puisqu'elles sont si légères.

Moka roulé

Il suffit de faire deux fois la garniture pour faire deux gâteaux ou on peut congeler un des gâteaux pour un autre jour. Chaque gâteau se coupe en 12 tranches. Photo à la page 53.

Mélange à gâteau des anges blanc, non cuit	**1**	**1**
Cacao	**1 c. à soupe**	**15 mL**
Café fort, froid	**1¹/₃ tasse**	**325 mL**
Sucre à glacer, une pincée		
GARNITURE MOKA (pour 1 gâteau)		
Sachets de garniture à dessert (Dream Whip par exemple)	**2**	**2**
Café fort, froid	**1 tasse**	**250 mL**
Essence de chocolat	**2 c. à thé**	**10 mL**
Paillettes de chocolat, pour décorer	**1 c. à soupe**	**15 mL**

Préparer le gâteau en suivant le mode d'emploi donné sur l'emballage, en y ajoutant le cacao et en remplaçant l'eau par la première quantité de café. Tapisser 2 moules à gâteau roulé de 25 × 38 cm (10 × 15 po) de papier ciré. Répartir la pâte à gâteau dans les moules. Cuire au four à 400 °F (205 °C) pendant 8 à 10 minutes. Au sortir du four, inverser immédiatement les moules sur deux grands torchons saupoudrés de sucre à glacer. Retirer le papier ciré. Enrouler les gâteaux à partir du côté court, en utilisant le torchon. Laisser refroidir. ■ **Garniture Moka:** Combiner la garniture à dessert, la seconde quantité de café et l'essence de chocolat dans un bol froid. Battre à haute vitesse jusqu'à obtenir une crème ferme. ■ Dérouler 1 des gâteaux refroidis. Y étaler la ¹/₂ de la garniture, puis l'enrouler délicatement. Poser sur une grande assiette. Glacer avec le reste de garniture. Décorer avec les paillettes. Dérouler le second gâteau. Poser une feuille de papier ciré à l'intérieur et l'enrouler de nouveau. Envelopper dans du plastique et congeler dans un grand sac pour la congélation.

Information nutritionnelle

1 tranche : 191 calories; 5 g de protéines; 3,3 g de matières grasses (2,8 g de gras saturés, trace de cholestérol); 96 mg de sodium

Décadence au chocolat

Il faut se servir d'un couteau bien affûté pour trancher ce dessert extraordinaire, en essuyant la lame après chaque entaille. Servir avec des framboises fraîches ou de la sauce aux framboises. À couper en 10 pointes.

Sucre granulé	³/₄ tasse	175 mL
Cacao	¹/₂ tasse	125 mL
Farine tout usage	¹/₃ tasse	75 mL
Lait écrémé évaporé	²/₃ tasse	150 mL
Brisures de chocolat	³/₄ tasse	175 mL
Purée de pruneaux (aliments pour bébés)	¹/₃ tasse	75 mL
Gros œufs	3	3
Sucre granulé	¹/₄ tasse	60 mL

Sucre à glacer ou cacao (facultatif), pour garnir
Garniture fouettée gelée à basse teneur en matières
 grasses, (Light Cool Whip par exemple), pour garnir

Combiner la première quantité de sucre, le cacao et la farine dans une casserole moyenne. Ajouter lentement le lait évaporé, au fouet, jusqu'à ce qu'il ne reste plus de grumeaux. Chauffer doucement, en remuant, jusqu'à ce que la préparation soit très chaude, mais sans la laisser bouillir. Retirer du feu. ■ Ajouter les brisures de chocolat et remuer jusqu'à ce qu'elles fondent. Ajouter la purée de pruneaux. Remuer. ■ Battre les œufs pendant 3 à 4 minutes jusqu'à ce qu'ils soient mousseux et épais. Ajouter peu à peu la seconde quantité de sucre. Incorporer doucement le mélange de chocolat, en pliant. Verser dans un moule à charnière de 25 cm (10 po) légèrement graissé. Cuire au four à 350 °F (175 °C) pendant 35 minutes. En fin de cuisson, quelques miettes adhèrent à un cure-dents enfoncé au milieu du gâteau. Ne pas cuire trop longtemps. Le dessert doit être très moelleux. Laisser refroidir. ■ Saupoudrer le dessus de sucre à glacer et décorer avec la garniture fouettée.

Information nutritionnelle

1 pointe : 217 calories; 5 g de protéines; 6,5 g de matières grasses (3,5 g de gras saturés, 52,6 mg de cholestérol); 40 mg de sodium

....

Remplacer les desserts à forte teneur en gras par un gâteau des anges ou une meringue.

Les biscotti sont des petits gâteaux italiens qui sont cuits et recuits. On forme d'abord avec la pâte un pain qui est cuit puis tranché en longs morceaux étroits que l'on cuit de nouveau. Les biscotti ne contiennent pas de gras ajouté et sont donc très durs et croquants, c'est pourquoi ils sont bons trempés dans un vin sucré ou un café chaud. On en présente ici une grande variété. Les biscotti se congèlent bien ou peuvent être conservés à la température de la pièce, dans un récipient hermétique.

Biscotti aux brisures de chocolat

Une excellente variante du populaire biscotti aux amandes. Donne 12 biscotti. Photo à la page 53.

Farine tout usage	**2 tasses**	**500 mL**
Sucre granulé	**1 tasse**	**250 mL**
Bicarbonate de soude	**1 c. à thé**	**5 mL**
Sel	**$^1/_8$ c. à thé**	**0,5 mL**
Cacao	**$^1/_2$ tasse**	**125 mL**
Brisures de chocolat miniatures	**$^1/_2$ tasse**	**125 mL**
Gros œufs	**2**	**2**
Gros blancs d'œufs	**2**	**2**
Vanille	**1 c. à thé**	**5 mL**
Crème de cacao ou lait	**1 c. à soupe**	**15 mL**

Combiner les 6 premiers ingrédients dans un grand bol. ■ Combiner les œufs, les blancs d'œufs, la vanille et la crème de cacao dans un bol moyen. Battre à la fourchette. Ajouter le tout au mélange de farine. Mélanger. La pâte semble sèche. La pétrir doucement 8 à 10 fois, puis l'abaisser en un rouleau de 40 cm (16 po) de long et de 3,8 cm (1$^1/_2$ po) d'épaisseur. Poser le rouleau sur une plaque à pâtisserie légèrement graissée. Cuire au four à 350 °F (175 °C) pendant 30 minutes. Laisser refroidir 10 minutes sur une grille. Régler le four à 325 °F (160 °C). Couper le rouleau légèrement en biais, en tranches de 12 mm ($^1/_2$ po) d'épaisseur. Cuire les tranches à plat, sur une plaque à pâtisserie, pendant 10 à 12 minutes. Retourner les biscotti et poursuivre la cuisson 10 à 12 minutes, jusqu'à ce qu'ils soient dorés. Si les biscotti sont légèrement mous au centre, ils durcissent en refroidissant. Les laisser refroidir sur une grille.

Information nutritionnelle

1 biscotti : 216 calories; 5 g de protéines; 4,3 g de matières grasses (2,2 g de gras saturés, 36,2 mg de cholestérol); 166 mg de sodium

Biscotti aux abricots et aux raisins secs

Ces biscotti sont un peu plus larges à cause des fruits. Donne 12 biscotti. Photo à la page 53.

Farine tout usage	2$^1/_2$ tasses	625 mL
Sucre granulé	1 tasse	250 mL
Bicarbonate de soude	1 c. à thé	5 mL
Sel	$^1/_8$ c. à thé	0,5 mL
Gros œufs	2	2
Gros blancs d'œufs	2	2
Essence d'amande	$^1/_2$ c. à thé	2 mL
Abricots secs, hachés fin	$^3/_4$ tasse	175 mL
Raisins secs, hachés	$^3/_4$ tasse	175 mL
Jus d'orange	4 c. à thé	20 mL

Combiner la farine, le sucre, le bicarbonate de soude et le sel dans un grand bol. ■ Combiner les 6 prochains ingrédients dans un bol moyen. Battre à la fourchette. Ajouter le tout au mélange de farine. Mélanger. La pâte semble sèche. La pétrir doucement 8 à 10 fois, puis l'abaisser en un rouleau de 40 cm (16 po) de long et de 7,5 cm (3 po) d'épaisseur. Poser le rouleau sur une plaque à pâtisserie légèrement graissée. Cuire au four à 350 °F (175 °C) pendant 30 minutes. Laisser refroidir 10 minutes sur une grille. Couper le rouleau légèrement en biais, en tranches de 12 mm ($^1/_2$ po) d'épaisseur. Régler le four à 325 °F (160 °C). Cuire les tranches à plat, sur une plaque à pâtisserie, pendant 10 à 12 minutes. Retourner les biscotti et poursuivre la cuisson 10 à 12 minutes, jusqu'à ce qu'ils soient dorés. Si les biscotti sont légèrement mous au centre, ils durcissent en refroidissant. Les laisser refroidir sur une grille.

Information nutritionnelle

1 biscotti : 223 calories; 5 g de protéines; 1,2 g de matières grasses (0,3 g de gras saturés, 35,9 mg de cholestérol); 165 mg de sodium

Biscotti aux amandes

Pour griller les amandes, les mettre dans un plat pour le micro-ondes et chauffer à puissance maximale (100 %) pendant 1$^1/_2$ à 2 minutes, en remuant de temps en temps. Donne 12 biscotti. Photo à la page 53.

Farine tout usage	2$^1/_2$ tasses	625 mL
Sucre granulé	1 tasse	250 mL
Bicarbonate de soude	1 c. à thé	5 mL
Sel	$^1/_8$ c. à thé	0,5 mL
Amandes hachées, grillées	$^1/_2$ tasse	125 mL
Gros œufs	2	2
Gros blancs d'œufs	2	2
Vanille	$^1/_2$ c. à thé	2 mL
Essence d'amande	$^1/_2$ c. à thé	2 mL
Amaretto	1$^1/_2$ c. à soupe	25 mL

(Suite...)

Combiner la farine, le sucre, le bicarbonate de soude, le sel et les amandes dans un grand bol. ■ Combiner les 5 prochains ingrédients dans un bol moyen. Battre à la fourchette. Ajouter le tout au mélange de farine. Mélanger. La pâte semble sèche. La pétrir doucement 8 à 10 fois, puis l'abaisser en un rouleau de 40 cm (16 po) de long et de 3,8 cm (1¹/₂ po) d'épaisseur. Poser le rouleau sur une plaque à pâtisserie légèrement graissée. Cuire au four à 350 °F (175 °C) pendant 30 minutes. Laisser refroidir 10 minutes sur une grille. Couper le rouleau légèrement en biais, en tranches de 12 mm (¹/₂ po) d'épaisseur. Régler le four à 325 °F (160 °C). Cuire les tranches à plat, sur une plaque à pâtisserie, pendant 10 à 12 minutes. Retourner les biscotti et poursuivre la cuisson 10 à 12 minutes, jusqu'à ce qu'ils soient dorés. Si les biscotti sont légèrement mous au centre, ils durcissent en refroidissant. Les laisser refroidir sur une grille.

Information nutritionnelle

1 biscotti : 224 calories; 6 g de protéines; 4 g de matières grasses (0,6 g de gras saturés, 35,9 mg de cholestérol); 164 mg de sodium

Biscotti aux noix et à la vanille

On peut employer des noix de Grenoble, des noisettes ou n'importe quel autre type de noix. Donne 12 biscotti. Photo à la page 53.

Farine tout usage	**2¹/₂ tasses**	**625 mL**
Sucre granulé	**1 tasse**	**250 mL**
Bicarbonate de soude	**1 c. à thé**	**5 mL**
Sel	**¹/₈ c. à thé**	**0,5 mL**
Pacanes, grillées, hachées	**¹/₄ tasse**	**60 mL**
Gros œufs	**2**	**2**
Gros blancs d'œufs	**2**	**2**
Vanille	**2 c. à thé**	**10 mL**
Zeste de citron, râpé	**¹/₂ c. à thé**	**2 mL**
Jus de citron, frais pressé	**1 c. à thé**	**5 mL**
Lait 1 % de matières grasses	**1 c. à soupe**	**15 mL**

Combiner la farine, le sucre, le bicarbonate de soude, le sel et les pacanes dans un grand bol. ■ Combiner les 6 prochains ingrédients dans un bol moyen. Battre à la fourchette. Ajouter le tout au mélange de farine. La pâte semble sèche. La poser sur une surface enfarinée et la pétrir doucement 8 à 10 fois, puis l'abaisser en un rouleau de 40 cm (16 po) de long et de 3,8 cm (1¹/₂ po) d'épaisseur. Poser le rouleau sur une plaque à pâtisserie légèrement graissée. Cuire au four à 350 °F (175 °C) pendant 30 minutes. Laisser refroidir 10 minutes sur une grille. Couper le rouleau légèrement en biais, en tranches de 12 mm (¹/₂ po) d'épaisseur. Régler le four à 325 °F (160 °C). Cuire les tranches à plat, sur une plaque à pâtisserie, pendant 10 à 12 minutes. Retourner les biscotti et poursuivre la cuisson 10 à 12 minutes, jusqu'à ce qu'ils soient dorés. Si les biscotti sont légèrement mous au centre, ils durcissent en refroidissant. Les laisser refroidir sur une grille.

Information nutritionnelle

1 biscotti : 203 calories; 5 g de protéines; 2,9 g de matières grasses (0,5 g de gras saturés, 36 mg de cholestérol); 164 mg de sodium

Bagatelle des anges

Un dessert qui fait de l'effet et que l'on peut préparer la veille. Pour 12 personnes. Photo à la page 54.

Crème anglaise en poudre	3 c. à soupe	50 mL
Sucre granulé	1/4 tasse	60 mL
Lait écrémé évaporé	13 1/2 oz	385 mL
Lait écrémé	1 tasse	250 mL
Essence d'amande	1 c. à thé	5 mL
Gélatine parfumée à la fraise (en poudre)	1 × 3 oz	1 × 85 g
Eau bouillante	1 tasse	250 mL
Liquide réservé des quartiers de mandarine	1/2 tasse	125 mL
Gâteau des anges blanc cuit (fait avec un mélange), déchiqueté en morceaux moyens	1	1
Fraises fraîches, tranchées	1 tasse	250 mL
Quartiers de mandarines, en conserve, égouttés, liquide réservé	10 oz	284 mL
Sachet de garniture à dessert (Dream Whip par exemple)	1	1
Lait écrémé	1/2 tasse	125 mL
Fraises fraîches, tranchées	1 tasse	250 mL

Combiner la crème anglaise en poudre et le sucre dans une casserole. Ajouter le lait évaporé et le lait écrémé. Porter à ébullition en remuant au fouet. Retirer du feu. Laisser reposer 15 minutes. Incorporer l'essence d'amande. Recouvrir le tout d'une pellicule plastique. Réfrigérer. ■ Combiner la gélatine, l'eau bouillante et le liquide des mandarines. Remuer pour dissoudre la gélatine. Réfrigérer jusqu'à ce que le mélange ait la consistance d'un sirop. ■ Mettre le 1/3 des morceaux de gâteau dans un grand bol en verre. Répandre 250 mL (1 tasse) de fraises sur le gâteau. Arroser de la 1/2 de la crème anglaise. Verser la 1/2 du sirop de gélatine sur la crème anglaise. Étaler le 1/3 des morceaux de gâteau sur la gélatine. Disposer les quartiers de mandarines dessus. Verser le reste du mélange de gélatine sur les mandarines. Ajouter le dernier 1/3 des morceaux de gâteau et ce qui reste de crème anglaise. ■ Battre la garniture à dessert et le lait selon les directives données sur l'emballage. Arranger en festons sur la crème anglaise. Décorer avec les fraises. Réfrigérer plusieurs heures ou jusqu'au lendemain.

Information nutritionnelle

1 portion : 275 calories; 9 g de protéines; 1,8 g de matières grasses (1,4 g de gras saturés, 1,8 mg de cholestérol); 178 mg de sodium

Pommes en robe fillo

Pour que la pâte soit plus moelleuse, la laisser refroidir et la couvrir d'une pellicule plastique. Laisser reposer trois heures ou toute une nuit. Pour 8 à 10 personnes. Photo à la page 54.

Pommes à cuire (McIntosh par exemple), pelées, épépinées et tranchées en quartiers minces	**6**	**6**
Jus de citron, frais ou en bouteille	**2 c. à soupe**	**30 mL**
Cassonade, tassée	**1 tasse**	**250 mL**
Tapioca minute	**2 c. à soupe**	**30 mL**
Cannelle moulue	**$^1/_2$ c. à thé**	**2 mL**
Feuilles de pâte fillo	**3**	**3**
Huile de canola (ou aérosol pour la cuisson)	**2 c. à thé**	**10 mL**
Chapelure de biscuits Graham	**$^1/_4$ tasse**	**60 mL**
Sucre granulé	**2 c. à thé**	**10 mL**
Cannelle moulue	**$^1/_4$ c. à thé**	**1 mL**

Mettre les pommes dans une grande casserole. Ajouter le jus de citron, la cassonade, le tapioca et la cannelle. Remuer. Laisser reposer 10 minutes. Chauffer à feu doux, en remuant sans arrêt, jusqu'à ce que la cassonade soit dissoute et que les pommes soient partiellement cuites. Laisser refroidir. ■ Huiler légèrement un côté de chacune des feuilles de pâte fillo. Y répandre un peu de chapelure Graham. 1. Centrer les feuilles de pâte, chapelure sur le dessus, en spirale dans une moule à tarte en verre de 25 cm (10 po) non graissé, en laissant un bout des feuilles dépasser sur le côté. 2. Verser la garniture aux pommes dans le moule. 3. Replier les feuilles de pâte sur la garniture. Huiler légèrement le dessus des feuilles. ■ Saupoudrer le dessus de sucre et de cannelle. Cuire sur la plus basse étagère du four à 350 °F (175 °C) pendant 30 minutes, jusqu'à ce que le dessus soit doré. Laisser refroidir.

Information nutritionnelle

$^1/_8$ du dessert : 204 calories; 1 g de protéines; 1,6 g de matières grasses (0,4 g de gras saturés, 0 mg de cholestérol); 50 mg de sodium

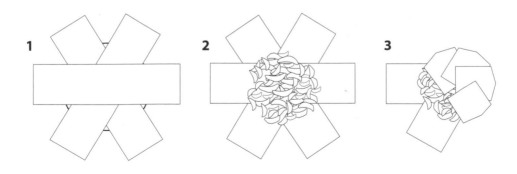

Mousse à la citrouille

On la sert dans des bols ou dans une abaisse Graham, page 32. Donne 1,1 L (4¹/₂ tasses).

Sachets de gélatine non parfumée	**2 × ¹/₄ oz**	**2 × 7 g**
Eau froide	**¹/₂ tasse**	**125 mL**
Cassonade, tassée	**¹/₂ tasse**	**125 mL**
Citrouille, en conserve	**14 oz**	**398 mL**
Vanille	**1 c. à thé**	**5 mL**
Cannelle moulue	**¹/₄ c. à thé**	**1 mL**
Muscade moulue	**¹/₈ c. à thé**	**0,5 mL**
Gingembre moulu	**¹/₂ c. à thé**	**2 mL**
Sel, une pincée		
Sachet de garniture à dessert (Dream Whip par exemple)	**1**	**1**
Lait écrémé	**¹/₂ tasse**	**125 mL**

Saupoudrer la gélatine sur l'eau dans une casserole moyenne. Remuer. Laisser reposer 1 minute. Réchauffer lentement, en ajoutant la cassonade. Remuer pour dissoudre la gélatine et la cassonade. ■ Ajouter les 6 prochains ingrédients. Bien combiner le tout. Retirer du feu. Réfrigérer, en remuant de temps en temps, pendant 45 à 60 minutes, jusqu'à ce que la préparation épaississe. ■ Battre la garniture à dessert et le lait écrémé en suivant les directives données sur l'emballage. Battre le mélange de citrouille jusqu'à ce qu'il soit léger et mousseux. Y incorporer la garniture à dessert en pliant. Réfrigérer jusqu'à ce que la mousse soit prise.

Information nutritionnelle

125 mL (¹/₂ tasse) : 57 calories; 3 g de protéines; 2 g de matières grasses (1,8 g de gras saturés, 0,3 mg de cholestérol); 17 mg de sodium

1. Biscotti aux abricots et aux raisins secs, page 48
2. Biscotti aux amandes, page 48
3. Biscotti aux brisures de chocolat, page 47
4. Biscotti aux noix et à la vanille, page 49
5. Entremets français au chocolat, page 64
6. Nuages de chocolat, page 59
7. Moka roulé, page 45
8. Parfaits au chocolat, page 56

Pouding crémeux

Intercaler des fruits frais entre les couches de pouding dans un bol à dessert ou verser le pouding dans une abaisse et le décorer de fruits. Le pouding prend rapidement. Donne 1,3 L (5¹/₂ tasses).

Jus d'ananas	**1 tasse**	**250 mL**
Sachet de gélatine non parfumée	**1 × ¹/₄ oz**	**1 × 7 g**
Gélatine parfumée au citron (en poudre)	**1 × 3 oz**	**1 × 85 g**
Fromage à la crème léger, coupé en 8 carrés	**8 oz**	**250 g**
Fromage cottage sans gras	**1 tasse**	**250 mL**
Garniture fouettée gelée à basse teneur en matières grasses, dégelée (Light Cool Whip par exemple)	**4 tasses**	**1 L**

Verser le jus d'ananas dans une petite casserole. Saupoudrer la gélatine non parfumée sur le dessus. Laisser reposer 5 minutes. Chauffer en remuant pour dissoudre la gélatine. Retirer du feu. Incorporer la gélatine parfumée au citron. Remuer jusqu'à ce qu'elle soit dissoute.

■ Mettre le fromage à la crème et le fromage cottage dans un mélangeur ou un robot culinaire. Mélanger en ajoutant peu à peu le mélange de gélatine, jusqu'à ce que le mélange soit lisse. Mettre la garniture fouettée dans le mélangeur à la cuillère. Pulser pour combiner le tout.

Information nutritionnelle

125 mL (¹/₂ tasse) : 179 calories; 8 g de protéines; 7,6 g de matières grasses (5,8 g de gras saturés, 11,4 mg de cholestérol); 287 mg de sodium

1. Tourte au fromage sans souci, page 62
2. Mousse fraîche, page 60
3. Pommes en robe fillo, page 51
4. Entremets léger aux cerises, page 61
5. Mousseline aux pêches, page 58
6. Bagatelle des anges, page 50
7. Entremets léger au citron, page 61

Sorbetto au café

Sorbetto signifie sorbet en italien. Après les premières 45 minutes de congélation, on peut finir le mélange dans une sorbetière. Donne 2 L (8 tasses).

Café espresso chaud (ou café régulier à double concentration)	3$^1/_2$ tasses	875 mL
Sucre granulé	$^2/_3$ tasse	150 mL
Cacao	2 c. à soupe	30 mL
Lait écrémé évaporé	13$^1/_2$ oz	385 mL

Placer un moule de 22 × 33 cm (9 × 13 po) dans le congélateur. Verser le café chaud dans un bol moyen. ■ Combiner le sucre et le cacao dans un petit bol. Ajouter le tout au café chaud. Battre pour les dissoudre. ■ Incorporer le lait évaporé. Verser la préparation dans le moule froid. Congeler pendant 45 minutes. Remuer pour ramener les cristaux au centre. Congeler environ 2 heures, jusqu'à ce que le sorbet soit dur. Le casser en morceaux avec une fourchette. Mélanger au robot culinaire jusqu'à ce que le sorbet soit lisse. Congeler en attendant de servir.

Information nutritionnelle

125 mL (½ tasse) : 58 calories; 2 g de protéines; 0,1 g de matières grasses (trace de gras saturés, 0,9 mg de cholestérol); 33 mg de sodium

Parfaits au chocolat

En français, la mousse évoque la légèreté. Dans ce cas, celle-ci est due à la garniture à dessert. Donne 6 parfaits. Photo à la page 53.

Sachet de gélatine non parfumée	1 × $^1/_4$ oz	1 × 7 g
Sucre granulé	$^1/_2$ tasse	125 mL
Cacao	$^1/_3$ tasse	75 mL
Sel, une pincée		
Gros jaunes d'œufs, battus à la fourchette	2	2
Lait écrémé évaporé	13$^1/_2$ oz	385 mL
Lait écrémé	$^2/_3$ tasse	150 mL
Vanille	2 c. à thé	10 mL
Gros blancs d'œufs	2	2
Sachet de garniture à dessert (Dream Whip par exemple), divisé	1	1
Lait écrémé	$^1/_2$ tasse	125 mL
Chapelure de gaufrettes au chocolat	$^3/_4$ tasse	175 mL
Graines de café enrobées de chocolat (facultatives)	6	6

(Suite...)

Combiner la gélatine, le sucre, le cacao et le sel dans une casserole moyenne. Ajouter les jaunes d'œufs et le lait évaporé. Battre au fouet. Laisser reposer 2 minutes. Chauffer la préparation à feu moyen pendant 10 minutes, en la travaillant sans arrêt au fouet, jusqu'à ce qu'il ne reste plus de grumeaux et qu'elle épaississe légèrement. ■ Incorporer la première quantité de lait écrémé et la vanille. Retirer du feu. Laisser refroidir en remuant à plusieurs reprises, jusqu'à ce que la préparation ait légèrement pris et forme des pics mous. ■ Monter les blancs d'œufs en neige molle. Ajouter peu à peu le mélange de gélatine, en battant sans arrêt jusqu'à ce que le mélange soit léger et ait doublé de volume. ■ Battre la garniture à dessert et la seconde quantité de lait écrémé selon les directives données sur l'emballage. En incorporer 250 mL (1 tasse) au mélange de blancs d'œufs. Remplir 6 coupes à parfait avec 75 mL (¹/₃ tasse) de mousse. Répandre 15 mL (1 c. à soupe) de chapelure sur la mousse. Répéter. Remplir chaque coupe de mousse. ■ Dresser 250 mL (1 tasse) de garniture à dessert fouettée sur la dernière couche de mousse, dans les coupes. Décorer chaque coupe avec un grain de café. Réfrigérer au moins 1¹/₂ heure avant de servir.

Information nutritionnelle

1 parfait : 274 calories; 11 g de protéines; 7,4 g de matières grasses (4,1 g de gras saturés, 78,3 mg de cholestérol); 136 mg de sodium

Garniture fouettée

On la prépare une heure à l'avance. Donne 1 L (4 tasses). Photo à la page 35.

Lait écrémé en poudre	¹/₂ **tasse**	**125 mL**
Eau	1¹/₃ **tasse**	**325 mL**
Sachet de gélatine non parfumée	1 × ¹/₄ **oz**	**1 × 7 g**
Eau froide	**3 c. à soupe**	**50 mL**
Sucre granulé	¹/₃ **tasse**	**75 mL**
Vanille	1¹/₂ **c. à thé**	**7 mL**

Combiner le lait en poudre et l'eau dans une casserole et bien réchauffer, mais sans porter à ébullition. Retirer du feu. ■ Combiner la gélatine et l'eau dans un petit bol. Laisser reposer 1 minute pour ramollir la gélatine. ■ Ajouter le mélange de gélatine et le sucre au lait chaud. Remuer jusqu'à ce qu'il soit dissous. Réfrigérer jusqu'à ce que le mélange de lait soit froid et légèrement épais. Battre à haute vitesse environ 8 minutes ou jusqu'à ce que la préparation ait la consistance d'une crème Chantilly molle. Incorporer la vanille en battant. Conserver à la température de la pièce, sans réfrigérer, sinon la garniture devient gélatineuse.

Information nutritionnelle

30 mL (2 c. à soupe) : 16 calories; 1 g de protéines; trace de matières grasses (trace de gras saturés, 0,4 mg de cholestérol); 10 mg de sodium

Mousseline aux pêches

Ce dessert est ravissant accompagné de la garniture fouettée, page 57, et de pêches tranchées. Il complète parfaitement tous les repas. On peut aussi le verser dans une abaisse de flocons de maïs cuite, page 31, et le réfrigérer. Pour 10 personnes. Photo à la page 54.

Sachets de gélatine non parfumée	2 × ¼ oz	2 × 7 g
Eau froide	½ tasse	125 mL
Jus réservé des pêches		
Purée de pêches (aliments pour bébés)	2 × 4½ oz	2 × 128 g
Sucre granulé	⅔ tasse	150 mL
Jus de citron, frais ou en bouteille	2 c. à thé	10 mL
Gros blancs d'œufs	2	2
Garniture fouettée gelée à basse teneur en matières grasses, dégelée (Light Cool Whip par exemple)	1 tasse	250 mL
Pêches tranchées, égouttées, jus réservé	14 oz	398 mL

Combiner la gélatine et l'eau dans une petite casserole. Laisser reposer 1 minute. Ajouter le jus des pêches, la purée, le sucre et le jus de citron. Remuer. Chauffer à feu doux, en remuant sans arrêt, jusqu'à ce que la gélatine et le sucre soient dissous. Réfrigérer jusqu'à ce que la préparation épaississe légèrement. ■ Battre les blancs d'œufs dans un petit bol jusqu'à ce qu'ils soient mousseux. Ajouter le mélange de pêches. Battre à haute vitesse environ 10 minutes, jusqu'à ce que le mélange soit léger et mousseux. Incorporer la garniture fouettée en battant. Ajouter les pêches en pliant. Verser le tout dans un grand bol ou dans des bols individuels. Réfrigérer jusqu'à ce que la préparation soit ferme.

Information nutritionnelle

1 portion : 111 calories; 2 g de protéines; 1,1 g de matières grasses (1 g de gras saturés, 0 mg de cholestérol); 20 mg de sodium

Sorbet au citron

Un dessert léger et frais, servi en petites boules. On peut doubler la recette. Donne 625 mL (2½ tasses).

Fromage de yogourt, page 67	1½ tasse	375 mL
Sucre granulé	1 tasse	250 mL
Jus et zeste râpé d'un citron		
Garniture fouettée gelée (Cool Whip par exemple), dégelée	½ tasse	125 mL

Battre le fromage de yogourt, le sucre et le jus et zeste de citron à basse vitesse jusqu'à ce que le mélange soit lisse. ■ Incorporer la garniture fouettée en pliant. Verser le tout dans un moule de 20 × 20 cm (8 × 8 po). Congeler 8 heures ou une nuit, jusqu'à ce que le sorbet soit ferme.

Information nutritionnelle

125 mL (½ tasse) : 270 calories; 8 g de protéines; 2,2 g de matières grasses (1,8 g de gras saturés, 2,9 mg de cholestérol); 114 mg de sodium

Nuages de chocolat

L'entremets idéal quand on reçoit quelques personnes, ou on peut doubler la recette si les convives sont plus nombreux. Donne 4 meringues fourrées. Photo à la page 53.

MERINGUE

Gros blancs d'œufs	**3**	**3**
Crème de tartre	**1/4 c. à thé**	**1 mL**
Sel, une pincée		
Vanille	**1/2 c. à thé**	**2 mL**
Sucre granulé	**1/2 tasse**	**125 mL**

GARNITURE AU TIA MARIA

Fécule de maïs	**3 c. à soupe**	**50 mL**
Farine tout usage	**3 c. à soupe**	**50 mL**
Sucre granulé	**1/3 tasse**	**75 mL**
Cacao	**1/4 tasse**	**60 mL**
Sel, une pincée		
Lait écrémé évaporé	**1 2/3 tasse**	**400 mL**
Vanille	**1 c. à thé**	**5 mL**
Tia Maria	**1/4 tasse**	**60 mL**

Copeaux de chocolat, pour garnir

Meringue : Poser 4 ronds de 10 cm (4 po) de papier brun ou de papier sulfurisé sur une plaque à pâtisserie. Battre les blancs d'œufs, la crème de tartre et le sel dans un bol moyen. Ajouter la vanille en battant. Incorporer peu à peu le sucre et battre jusqu'à obtenir des pics fermes. Dresser la meringue sur les ronds de papier, en les couvrant complètement et en remontant les bords pour former des coquilles. (La coquille doit être assez grande pour contenir 125 mL, 1/2 tasse, de garniture.) Cuire au four à 300 °F (150 °C) pendant 30 minutes. Éteindre le four et y laisser sécher les meringues pendant 1 heure. Sortir les meringues du four et les laisser refroidir à la température de la pièce. ■ **Garniture au Tia Maria :** Combiner la fécule de maïs, la farine, le sucre, le cacao et le sel dans une casserole moyenne. Incorporer au fouet le lait évaporé. Chauffer, en remuant souvent, jusqu'à ce que la préparation épaississe. Retirer du feu. Incorporer au fouet la vanille et le Tia Maria. Poser une pellicule plastique directement sur la garniture. Laisser refroidir. Donne 500 mL (2 tasses) de garniture. ■ Dresser la garniture à la cuillère dans les meringues refroidies. Décorer de copeaux de chocolat.

Information nutritionnelle

1 meringue et 125 mL (1/2 tasse) de garniture : 388 calories; 13 g de protéines; 0,8 g de matières grasses (0,4 g de gras saturés, 4,1 mg de cholestérol); 196 mg de sodium; une bonne source de fibres alimentaires

Mousse fraîche

On décore la mousse de fruits frais tranchés. Elle est servie au dessert ou avec du porc ou du veau. Pour 8 personnes. Photo à la page 54.

Sachets de gélatine non parfumée	**2 × ¹/₄ oz**	**2 × 7 g**
Jus d'orange frais ou à base de concentré	**1 tasse**	**250 mL**
Sucre granulé	**¹/₂ tasse**	**125 mL**
Jus de citron, frais ou en bouteille	**¹/₄ tasse**	**60 mL**
Zeste de citron, râpé	**¹/₂ c. à thé**	**2 mL**
Zeste d'orange, râpé	**¹/₂ c. à thé**	**2 mL**
Banane, en purée	**1**	**1**
Fraises fraîches, en purée	**1 tasse**	**250 mL**
Sachet de garniture à dessert (Dream Whip par exemple)	**1**	**1**
Lait écrémé	**¹/₂ tasse**	**125 mL**
Gros blancs d'œufs	**3**	**3**

Combiner la gélatine et 125 mL (¹/₂ tasse) de jus d'orange dans une petite casserole. Laisser reposer 1 minute. Ajouter encore 125 mL (¹/₂ tasse) de jus d'orange et le sucre. Chauffer en remuant pour dissoudre le sucre et la gélatine. Retirer du feu. ■ Incorporer le jus de citron et le zeste de citron et d'orange. Verser la préparation dans un grand bol. Laisser refroidir quelques instants. ■ Ajouter les bananes et les fraises. Réfrigérer jusqu'à ce que la préparation épaississe légèrement. ■ Battre la garniture à dessert avec le lait écrémé en suivant les directives données sur l'emballage. Incorporer au mélange à l'orange en pliant. ■ Monter les blancs d'œufs en neige molle. Incorporer au mélange à l'orange en pliant. Dresser à la cuillère dans un joli bol, un moule en anneau ou un plat à soufflé garni d'un collet de papier ciré. Réfrigérer jusqu'à ce que la mousse soit ferme.

Information nutritionnelle

1 portion : 136 calories; 4 g de protéines; 2,4 g de matières grasses (2 g de gras saturés, 0,3 mg de cholestérol); 38 mg de sodium

....

Remplacer la crème fouettée par de la garniture fouettée (en poudre ou surgelée). Les garnitures surgelées contiennent 50 % moins de grammes de gras; celles en poudre, combinées à du lait écrémé, environ 80 % de moins.

Entremets léger au citron

On peut employer n'importe quel parfum de gélatine. Couper en 10 morceaux. Photo à la page 54 et sur la couverture.

Chapelure de biscuits Graham	**1¹/₂ tasse**	**375 mL**
Margarine de régime, fondue	**¹/₃ tasse**	**75 mL**
Gélatine parfumée au citron (en poudre)	**2 × 3 oz**	**2 × 85 g**
Eau bouillante	**1¹/₂ tasse**	**375 mL**
Fromage de yogourt, page 67	**1 tasse**	**250 mL**
Sucre granulé	**1 tasse**	**250 mL**
Lait écrémé évaporé (rangé au congélateur jusqu'à ce qu'il soit très froid)	**13¹/₂ oz**	**385 mL**
Jus de citron, frais ou en bouteille	**3 c. à soupe**	**50 mL**

Combiner la chapelure et la margarine fondue dans un bol. Réserver 60 mL (¹/₄ tasse) pour la garniture. Presser le mélange également et fermement dans un moule à charnière de 25 cm (10 po). Cuire au four à 350 °F (175 ℃) pendant 10 minutes. Laisser refroidir. ■ Dissoudre la gélatine dans l'eau bouillante. Réfrigérer jusqu'à ce que la préparation ait la consistance d'un sirop, en remuant de temps en temps pour qu'elle reste lisse. ■ Battre le fromage de yogourt avec le sucre jusqu'à ce que le mélange soit lisse. Réfrigérer. ■ Dans un grand bol, battre le lait évaporé et le jus de citron à haute vitesse jusqu'à ce que le mélange soit ferme. Ajouter la gélatine épaissie. Battre jusqu'à ce que le mélange soit léger et mousseux. Incorporer le mélange de yogourt en pliant. Verser le tout dans l'abaisse. Saupoudrer la chapelure réservée sur le dessus. Réfrigérer jusqu'à ce que la garniture soit prise.

Information nutritionnelle

1 morceau : 298 calories; 9 g de protéines; 4,9 g de matières grasses (1,1 g de gras saturés, 2,5 mg de cholestérol); 326 mg de sodium

ENTREMETS LÉGER AUX CERISES : Remplacer la gélatine parfumée au citron par de la gélatine parfumée à la cerise (en poudre). Photo à la page 54.

••••••••••••••••••••••••••••••••••••

Terminer le repas par des fruits frais au lieu d'un dessert à forte teneur en gras.

conseil

Tourte au fromage sans souci

Pour une sauce aux framboises, il suffit de remplacer les fraises par des framboises surgelées. Pour 12 personnes. Photo à la page 54.

Chapelure de biscuits Graham	**2 ¹/₄ tasses**	**560 mL**
Sucre granulé	**2 c. à soupe**	**30 mL**
Gros blancs d'œufs	**2**	**2**
Cannelle moulue	**2 c. à thé**	**10 mL**
Sachets de gélatine non parfumée	**2 × ¹/₄ oz**	**2 × 7 g**
Eau froide	**¹/₂ tasse**	**125 mL**
Gros jaunes d'œufs	**2**	**2**
Sucre granulé	**¹/₂ tasse**	**125 mL**
Lait écrémé évaporé	**¹/₂ tasse**	**125 mL**
Sel	**¹/₂ c. à thé**	**2 mL**
Fromage cottage caillé sec	**2 tasses**	**500 mL**
Jus et zeste râpé d'un citron		
Gros blancs d'œufs	**2**	**2**
Sachet de garniture à dessert (Dream Whip par exemple)	**1**	**1**
Lait écrémé	**¹/₃ tasse**	**75 mL**
SAUCE AUX FRAISES		
Sirop réservé des fraises		
Fécule de maïs	**1 c. à soupe**	**15 mL**
Fraises surgelées dans du sirop, égouttées, jus réservé	**15 oz**	**425 g**

Mettre les 4 premiers ingrédients dans un mélangeur. Mélanger pour humecter la chapelure. Réserver 60 mL (¹/₄ tasse) du mélanger pour la garniture. Presser le reste dans un moule à charnière de 22 cm (9 po), en remontant de 2,5 cm (1 po) sur le bord. Cuire à 325 °F (160 °C) pendant 15 minutes. Laisser refroidir. ■ Combiner la gélatine et l'eau dans un petit bol. Remuer. Laisser ramollir la gélatine pendant 1 minute. ■ Combiner les 4 prochains ingrédients dans un bain-marie, sur un bain d'eau bouillante. Travailler au fouet jusqu'à ce que le mélange soit épais comme une crème anglaise. Incorporer la gélatine ramollie et fouetter jusqu'à ce qu'elle soit dissoute. ■ Presser le fromage cottage dans une passoire pour briser les gros morceaux. Ajouter le fromage cottage et le jus et zeste de citron au mélange de lait. Réfrigérer jusqu'à ce que le mélange épaississe un peu. ■ Battre la seconde quantité de blancs d'œufs dans un bol moyen jusqu'à obtenir des pics fermes. Fouetter la garniture à dessert et le lait dans un autre bol. Incorporer les blancs d'œufs et la garniture à dessert au mélange de fromage cottage épaissi. Verser le tout dans la croûte. Répandre la chapelure réservée sur le dessus. Réfrigérer plusieurs heures ou une nuit, jusqu'à ce que la tourte soit prise. ■ **Sauce aux fraises :** Porter le sirop réservé et la fécule de maïs à ébullition et épaississement dans une petite casserole. Laisser refroidir quelques instants. Incorporer les fraises. Arroser les pointes de tourte de sauce.

Information nutritionnelle

1 portion : 230 calories; 10 g de protéines; 4,5 g de matières grasses (2,1 g de gras saturés, 38,2 mg de cholestérol); 303 mg de sodium

Tiramisu

Une version bas en gras! Conserver le tiramisu au congélateur et le servir au besoin. Se coupe en 12 morceaux. Photo sur la couverture.

Fromage à la crème tartinable léger	**8 oz**	**225 g**
Fromage de yogourt, page 67	**$^1/_2$ tasse**	**125 mL**
Sucre à glacer, tamisé	**$^3/_4$ tasse**	**175 mL**
Sachet de garniture à dessert (Dream Whip par exemple)	**1**	**1**
Lait écrémé	**$^1/_2$ tasse**	**125 mL**
Sucre granulé	**$^1/_3$ tasse**	**75 mL**
Eau	**3 c. à soupe**	**50 mL**
Gros blancs d'œufs	**2**	**2**
Doigts de dame, environ	**40**	**40**
Café fort (double), chaud	**$^3/_4$ tasse**	**175 mL**
Sucre granulé	**1 c. à soupe**	**15 mL**
Kahlua	**3 c. à soupe**	**50 mL**
Cacao	**1 à 2 c. à thé**	**5 à 10 mL**

Battre le fromage à la crème avec le fromage de yogourt et le sucre à glacer dans un grand bol jusqu'à ce que le mélange soit lisse. ■ Battre ensemble la garniture à dessert et le lait en suivant les directives données sur l'emballage. Incorporer la $^1/_2$ du mélange de garniture à dessert, en pliant, au mélange de fromage à la crème. ■ Combiner le sucre granulé, l'eau et les blancs d'œufs dans un bain-marie, au-dessus d'un bain d'eau frémissante. Battre à haute vitesse, dans le bain-marie, jusqu'à obtenir des pics mous. Incorporer délicatement le mélange d'œufs au mélange de fromage à la crème. Mettre le tout de côté. ■ Disposer la $^1/_2$ des doigts de dame en une seule couche dans un moule de 22 × 22 cm (9 × 9 po) garni de papier d'aluminium. ■ Combiner le café avec le Kahlua et le sucre. Arroser les doigts de dame de la $^1/_2$ de ce liquide. Étaler la $^1/_2$ du mélange de fromage à la crème sur les doigts de dame. Répéter ces étapes avec le reste des doigts de dame, du mélange de café et du mélange de fromage à la crème. En dernier, étaler la dernière $^1/_2$ de la garniture à dessert sur le dessus du tiramisu, en une fine couche. ■ Saupoudrer le cacao sur le tout. Congeler environ 2 heures.

Information nutritionnelle

1 morceau : 204 calories; 5 g de protéines; 3,2 g de matières grasses (2,1 g de gras saturés, 2,8 mg de cholestérol); 51 mg de sodium

· ·

Remplacer le lait 2 % ou le lait entier par du lait 1 % ou du lait écrémé. 250 mL (1 tasse) de lait écrémé contient 0,5 gramme de gras. Autant de lait 1 % en contient 2,7 grammes, le lait 2 %, 5 grammes, et le lait homogénéisé (entier), 8,6 grammes.

Entremets français au chocolat

On peut se servir des amandes grillées pour la garniture au lieu de les incorporer au dessert. Se coupe en 12 morceaux. Photo à la page 53.

Sachets de gélatine non parfumée	2 × ¼ oz	2 × 7 g
Sucre granulé	½ tasse	125 mL
Cacao	½ tasse	125 mL
Gros jaunes d'œufs	2	2
Lait écrémé évaporé	13½ oz	385 mL
Lait écrémé	1 tasse	250 mL
Amaretto	½ tasse	125 mL
Gros blancs d'œufs	2	2
Sachet de garniture à dessert (Dream Whip par exemple)	1	1
Lait écrémé	½ tasse	125 mL
Vanille	1 c. à thé	5 mL
Chapelure de gaufrettes au chocolat	½ tasse	125 mL
Gâteau des anges au chocolat, page 29 ou 34, coupé en bouchées (environ ½ gâteau)	4 tasses	1 L
Amandes effilées, grillées	2 c. à soupe	30 mL
Brisures de chocolat, fondues (facultatives)	¼ tasse	60 mL

Combiner la gélatine, le sucre et le cacao dans une casserole moyenne. Battre les jaunes d'œufs avec le lait évaporé dans un petit bol. Ajouter le tout au mélange de cacao. Chauffer à feu doux, en fouettant sans arrêt, jusqu'à ce que la gélatine soit dissoute et que le mélange épaississe légèrement. ■ Incorporer au fouet la première quantité de lait écrémé et de liqueur. Réfrigérer, en remuant de temps en temps, jusqu'à ce que la préparation épaississe. ■ Monter les blancs d'œufs en neige molle. Ajouter peu à peu le mélange de gélatine, en battant jusqu'à ce que le mélange soit léger. ■ Battre la garniture à dessert avec la seconde quantité de lait écrémé et la vanille selon les directives données sur l'emballage. Incorporer au mélange de gélatine en battant. ■ Graisser légèrement le côté et le fond d'un moule à charnière de 25 cm (10 po). Répandre la chapelure de gaufrettes dans le moule. Y mettre ensuite 500 mL (2 tasses) de morceaux de gâteau, en une couche. Verser la ½ du mélange de chocolat uniformément sur les morceaux de gâteau. Secouer le moule pour combler les vides. Répandre les amandes grillées dans le moule, puis étaler le reste des morceaux de gâteau sur les amandes. Verser le reste du mélange de chocolat sur le gâteau. Égaliser le dessus. ■ Arroser de chocolat fondu, au goût. Réfrigérer plusieurs heures.

Information nutritionnelle

1 morceau : 234 calories; 9 g de protéines; 4,2 g de matières grasses (2,1 g de gras saturés, 39 mg de cholestérol); 108 mg de sodium

Pain d'épices et fromage à la guimauve

Graisser légèrement la tasse graduée avant de mesurer la quantité de crème de guimauves pour que celle-ci en sorte aisément. Se coupe en 15 morceaux.

Farine tout usage	1^1/$_2$ tasse	375 mL
Farine de blé entier	^{3}/$_4$ tasse	175 mL
Cassonade, tassée	^{1}/$_2$ tasse	125 mL
Gingembre moulu	1 c. à soupe	15 mL
Cannelle moulue	1 c. à thé	5 mL
Poudre à pâte	^{1}/$_2$ c. à thé	2 mL
Bicarbonate de soude	2 c. à thé	10 mL
Blancs d'œufs, battus à la fourchette	3	3
Babeurre 1 % de matières grasses	^{3}/$_4$ tasse	175 mL
Compote de pommes	^{1}/$_2$ tasse	125 mL
Margarine dure, fondue	^{1}/$_4$ tasse	60 mL
Mélasse légère	^{1}/$_2$ tasse	125 mL
FROMAGE À LA GUIMAUVE		
Fromage à la crème tartinable léger	4 oz	125 g
Crème de guimauves	^{1}/$_2$ tasse	125 mL
Vanille	1 c. à thé	5 mL
Jus de citron, frais ou en bouteille	^{1}/$_2$ c. à thé	2 mL
Sucre à glacer	^{3}/$_4$ tasse	175 mL

Combiner les 7 premiers ingrédients dans un grand bol. ■ Combiner les 5 prochains ingrédients dans un petit bol. Incorporer le mélange de babeurre à celui de farine en battant jusqu'à ce qu'il ne reste plus de grumeaux. Verser le tout dans un moule de 22 × 33 cm (9 × 13 po) légèrement graissé. Égaliser la pâte. Cuire au four à 350 °F (175 °C) pendant 30 minutes, jusqu'à ce qu'un cure-dents en bois enfoncé au centre du gâteau ressorte propre. ■ **Fromage à la guimauve :** Battre tous les 5 ingrédients ensemble dans un bol jusqu'à ce que le mélange soit lisse. Dresser 15 mL (1 c. à soupe) de fromage à la guimauve sur chaque morceau de pain d'épices.

Information nutritionnelle

1 morceau : 211 calories; 4 g de protéines; 4,8 g de matières grasses (1,5 g de gras saturés, 4,6 mg de cholestérol); 338 mg de sodium

· ·

Remplacer la crème glacée par du yogourt gelé sans gras, du sorbet ou du lait glacé.

conseil

Trempettes et tartinades

artinades et trempettes évoquent pour bien des gens du gras supplémentaire dont ils peuvent probablement se passer. Et bien, plus maintenant! Ces excellentes trempettes sont délicieuses avec des fruits et des légumes et les tartinades sont exquises étalées sur des bagels, des tranches de pain ou des craquelins.

Fromage à l'érable et aux noix

À étaler sur des craquelins Graham ou des morceaux de pommes ou de poires. Donne 250 mL (1 tasse).

Fromage de yogourt à la vanille, page 67	1 tasse	250 mL
Essence d'érable	$1/8$ c. à thé	0,5 mL
Sirop de maïs foncé	$1^1/2$ c. à soupe	25 mL
Noix de Grenoble, hachées fin	1 c. à soupe	15 mL

Combiner le fromage de yogourt, l'essence d'érable et le sirop de maïs dans un petit bol. Battre jusqu'à ce que le mélange soit lisse. ■ Ajouter les noix. Remuer.

Information nutritionnelle

30 mL (2 c. à soupe) : 50 calories; 3 g de protéines; 0,7 g de matières grasses (0,1 g de gras saturés, 1,2 mg de cholestérol); 47 mg de sodium

Trempette au miel et à la moutarde

Cette trempette est légèrement sure. Elle se conserve au réfrigérateur jusqu'à une semaine. Donne 250 mL (1 tasse).

Miel liquide	6 c. à soupe	100 mL
Jus de pomme	2 c. à soupe	30 mL
Moutarde préparée	2 c. à soupe	30 mL
Sauce à salade à basse teneur en matières grasses (ou mayonnaise)	$1/3$ tasse	75 mL
Crème sure sans gras	$1/3$ tasse	75 mL

Combiner les 5 ingrédients dans un petit bol. Travailler au fouet jusqu'à ce que la trempette soit lisse.

Information nutritionnelle

30 mL (2 c. à soupe) : 93 calories; 1 g de protéines; 2,7 g de matières grasses (0,1 g de gras saturés, 0 mg de cholestérol); 130 mg de sodium

Fromage de yogourt

Une onctueuse alternative au fromage à la crème ou à la crème sure. Conserver au réfrigérateur dans un contenant hermétique jusqu'à la date d'expiration du yogourt. Donne 500 mL (2 tasses).

Yogourt de lait écrémé nature (sans gélatine)	**4 tasses**	**1 L**

Tapisser une passoire avec une étamine pliée en 2 et la poser dans un bol profond. Verser le yogourt dans la passoire. Couvrir légèrement avec une pellicule plastique. Laisser égoutter 24 heures au réfrigérateur. Jeter le petit lait recueilli dans le bol à mesure que le yogourt s'égoutte. Conserver le fromage de yogourt au réfrigérateur, dans un récipient couvert.

Information nutritionnelle

125 mL (¹/₂ tasse) : 131 calories; 13 g de protéines; 0,3 g de matières grasses (0,2 g de gras saturés, 4,8 mg de cholestérol); 185 mg de sodium

FROMAGE DE YOGOURT À LA VANILLE : Remplacer le yogourt de lait écrémé nature (sans gélatine) par du yogourt de lait écrémé à la vanille.

Trempette au yogourt et au miel

Conserver au réfrigérateur jusqu'au moment de servir avec des fruits ou des craquelins Graham. Donne 500 mL (2 tasses).

Fromage de yogourt, voir ci-dessus	**1 tasse**	**250 mL**
Miel liquide	**¹/₄ tasse**	**60 mL**
Garniture fouettée gelée à basse teneur en matières grasses, dégelée (Light Cool Whip par exemple)	**1 tasse**	**250 mL**

Combiner le fromage de yogourt, le miel et la garniture fouettée dans un mélangeur. Mélanger jusqu'à ce que le mélange soit lisse. Réfrigérer.

Information nutritionnelle

30 mL (2 c. à soupe) : 47 calories; 2 g de protéines; 1,2 g de matières grasses (1,1 g de gras saturés, 0,6 mg de cholestérol); 24 mg de sodium

Variante : Ajouter 1 mL (¹/₄ c. à thé) de cannelle moulue, 5 mL (1 c. à thé) de zeste de citron râpé ou 5 mL (1 c. à thé) de vanille.

....

Le fromage de yogourt assaisonné à l'ail et aux fines herbes fait une excellente tartinade.

Trempette à l'oignon simple

Excellente avec des pommes de terre au four ou des légumes. Donne 300 mL (1¹/₄ tasse).

Fromage cottage en crème 1 % de matières grasses	**1 tasse**	**250 mL**
Babeurre 1 % de matières grasses	**¹/₄ tasse**	**60 mL**
Poudre d'ail	**¹/₈ c. à thé**	**0,5 mL**
Bouillon de bœuf en poudre	**1 c. à thé**	**5 mL**
Oignon émincé en flocons	**1 c. à soupe**	**15 mL**

Combiner les 5 ingrédients dans un mélangeur. Mélanger jusqu'à ce que la trempette soit assez lisse. Réfrigérer pendant plusieurs heures ou jusqu'au lendemain, jusqu'à ce que les flocons d'oignon soient mous.

Information nutritionnelle

30 mL (2 c. à soupe) : 25 calories; 4 g de protéines; 0,4 g de matières grasses (0,2 g de gras saturés, 1,4 mg de cholestérol); 175 mg de sodium

Tartinade aux abricots

Elle est exquise tartinée sur des bagels grillés. Se conserve deux ou trois jours au réfrigérateur. Donne 375 mL (1¹/₂ tasse). Photo à la page 89.

Abricots déshydratés, grossièrement hachés	**15**	**15**
Jus d'orange	**1 tasse**	**250 mL**
Fromage de yogourt à la vanille, page 67	**¹/₂ tasse**	**125 mL**
Fromage à la crème tartinable léger	**¹/₂ tasse**	**125 mL**
Cassonade, tassée	**2 c. à thé**	**10 mL**
Cannelle moulue (facultative)	**¹/₈ c. à thé**	**0,5 mL**
Cardamome moulue (facultative)	**¹/₈ c. à thé**	**0,5 mL**

Combiner les abricots et le jus d'orange dans une petite casserole. Porter à ébullition. Réduire la chaleur. Laisser mijoter pendant 15 minutes, jusqu'à ce que les abricots soient mous, en remuant souvent. Retirer du feu. Couvrir et laisser refroidir. ■ Combiner les abricots avec les 5 derniers ingrédients dans un mélangeur. Mélanger jusqu'à ce que le tout soit lisse. Réfrigérer.

Information nutritionnelle

30 mL (2 c. à soupe) : 41 calories; 2 g de protéines; 0,1 g de matières grasses (0,3 g de gras saturés, 2 mg de cholestérol); 111 mg de sodium

conseil Dans les sandwiches ou sur les craquelins et les tartines grillées, remplacer le beurre ou la margarine par des tartinades, des confitures ou des gelées de fruits.

Tartinade grecque aux concombres

On égoutte le concombre dans une passoire en plastique parce que les passoires de métal affectent le goût du concombre. Servir sur des pointes de pain pita. Donne environ 750 mL (3 tasses). Photo à la page 17.

Concombre anglais, non pelé, râpé	**1**	**1**
Sel	**1¹/₂ c. à thé**	**7 mL**
Fromage de yogourt, page 67	**2 tasses**	**500 mL**
Gousses d'ail, écrasées	**2 ou 3**	**2 ou 3**
Poivre au citron	**¹/₂ c. à thé**	**2 mL**

Combiner le concombre et le sel dans une grande passoire en plastique posée dans l'évier ou dans un bol. Laisser reposer à la température de la pièce pendant 1 heure. Écraser le concombre pour en dégorger autant d'eau que possible, puis le mettre dans un bol moyen. ■ Ajouter le fromage de yogourt, l'ail et le poivre. Réfrigérer pendant au moins 1 heure pour que les goûts se mêlent.

Information nutritionnelle

30 mL (2 c. à soupe) : 23 calories; 2 g de protéines; 0,1 g de matières grasses; (trace de gras saturés, 0,8 mg de cholestérol); 193 mg de sodium

Salsa au maïs et aux haricots

Servir accompagnée de croustilles tortillas ou comme condiment avec du poulet ou du bœuf. On peut aussi la servir réchauffée sur des pâtes. Se conserve une semaine au réfrigérateur, dans un récipient couvert. Donne 1,25 L (5 tasses). Photo à la page 17.

Salsa épaisse (moyenne ou douce)	**1¹/₃ tasse**	**325 mL**
Maïs en grains, en conserve, égoutté	**12 oz**	**341 mL**
Haricots noirs, en conserve, égouttés	**14 oz**	**398 mL**
(ou 250 mL, 1 tasse, de haricots cuits)		
Oignon rouge moyen, coupé en dés fin	**¹/₂**	**¹/₂**
Poivron vert ou rouge, coupé en petits dés	**¹/₂ tasse**	**125 mL**
Poudre chili	**¹/₂ c. à thé**	**2 mL**
Poivre de Cayenne, une pincée		
Coriandre fraîche, hachée fin	**2 c. à soupe**	**30 mL**

Combiner les 8 ingrédients dans un bol moyen. Laisser reposer environ 30 minutes pour que les goûts se mêlent.

Information nutritionnelle

60 mL (¹/₄ tasse) : 40 calories; 2 g de protéines; 0,3 g de matières grasses (0,1 g de gras saturés, 0 mg de cholestérol); 136 mg de sodium

Tartinade au saumon fumé

Servir avec des craquelins de blé ou des biscottes. On l'entasse dans un bol avant de décorer avec du persil frais. Donne 625 mL (2¹/₂ tasses).

Ricotta à basse teneur en gras	**2 tasses**	**500 mL**
Yogourt de lait écrémé	**1 tasse**	**250 mL**
Saumon sockeye rouge, en conserve, arête et peau enlevées, bien égoutté	**7¹/₂ oz**	**213 g**
Gousse d'ail, écrasée	**1**	**1**
Assaisonnement à la fumée de noyer	**¹/₈ c. à thé**	**0,5 mL**
Raifort commercial	**1 c. à thé**	**5 mL**
Jus de citron, frais ou en bouteille	**1 c. à thé**	**5 mL**
Oignons verts, hachés fin	**2 c. à soupe**	**30 mL**
Sel	**¹/₂ c. à thé**	**2 mL**
Poivre	**¹/₈ c. à thé**	**0,5 mL**

Combiner le fromage et le yogourt dans un mélangeur. Mélanger jusqu'à ce que le tout soit lisse. Tapisser une passoire avec une étamine pliée en 2 et poser la passoire dans un bol profond. Y verser le mélange. Couvrir avec une pellicule plastique. Laisser égoutter pendant 24 heures. ■ Verser le fromage égoutté dans un bol moyen. Y ajouter les 8 derniers ingrédients. Bien mélanger.

Information nutritionnelle

30 mL (2 c. à soupe) : 58 calories; 5 g de protéines; 3 g de matières grasses (1,5 g de gras saturés, 10,5 mg de cholestérol); 148 mg de sodium

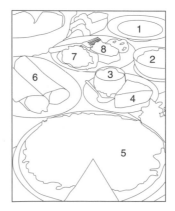

Trempette aux poivrons grillés

Cette trempette épaissit au bout de plusieurs heures au réfrigérateur. Elle convient parfaitement avec des légumes. Donne 625 mL (2¹/₂ tasses).

Gros poivron rouge	1	1
Gousses d'ail, non pelées	3	3
Crème sure sans gras	1 tasse	250 mL
Fromage de yogourt, page 67	1 tasse	250 mL
Sucre granulé	1 c. à soupe	15 mL
Basilic frais, haché	2 c. à thé	10 mL

Mettre le poivron et l'ail dans une lèche-frite. Griller au four à 10 cm (4 po) de l'élément chauffant, en les retournant de temps en temps, jusqu'à ce que le poivron soit complètement noirci. ■ Mettre le poivron et l'ail dans un sac de papier ou de plastique et les laisser refroidir. ■ Peler le poivron et l'ail et les mettre dans un mélangeur. Ajouter la crème sure, le fromage de yogourt, le sucre et le basilic. Mélanger jusqu'à ce que le poivron et l'ail soient hachés fin. Réfrigérer pendant plusieurs heures.

Information nutritionnelle

30 mL (2 c. à soupe) : 20 calories; 2 g de protéines; trace de matières grasses (trace de gras saturés, 0,5 mg de cholestérol); 23 mg de sodium

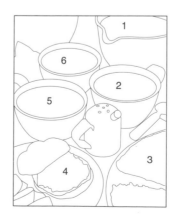

1. Soupe de haricots et de légumes, page 138
2. Soupe aux champignons et à l'orzo, page 138
3. Poulet à la thaïlandaise, page 76
4. Sandwiches mexicains, page 75
5. Chaleureuse chaudrée de maïs, page 139
6. Bisque à l'oignon et l'ail grillés, page 140

Tartinade de tomates ensoleillée

Servir avec des légumes, des craquelins ou du pain. Donne 250 mL (1 tasse). Photo à la page 17.

Fromage cottage caillé sec	**1 tasse**	**250 mL**
Babeurre 1 % de matières grasses	**¹/₂ tasse**	**125 mL**
Basilic frais, haché	**¹/₄ tasse**	**60 mL**
Gousse d'ail, écrasée	**1**	**1**
Pignons grillés, hachés fin	**1 c. à soupe**	**15 mL**
Demi-tomates séchées au soleil, ramollies dans l'eau bouillante pendant 10 minutes	**6**	**6**
Parmesan râpé	**1 c. à soupe**	**15 mL**

Combiner le fromage cottage, le babeurre, le basilic, l'ail et les pignons dans un mélangeur. Mélanger jusqu'à ce que la préparation soit lisse. ■ Ajouter les tomates et le parmesan. Mélanger jusqu'à ce que les tomates soient finement hachées. Réfrigérer plusieurs heures avant de servir.

Information nutritionnelle

30 mL (2 c. à soupe) : 50 calories; 6 g de protéines; 1,2 g de matières grasses (0,4 g de gras saturés, 2,9 mg de cholestérol); 35 mg de sodium

Trempette à l'aneth

Se conserve trois ou quatre jours au réfrigérateur. Donne 375 mL (1¹/₂ tasse).

Crème sure sans gras	**1 tasse**	**250 mL**
Fromage de yogourt, page 67	**¹/₂ tasse**	**125 mL**
Aneth	**1 c. à soupe**	**15 mL**
Poudre d'oignon (facultative)	**¹/₄ c. à thé**	**1 mL**
Sel	**¹/₄ c. à thé**	**1 mL**
Poivre blanc	**¹/₈ c. à thé**	**0,5 mL**

Combiner les 6 ingrédients dans un bol moyen. Fouetter jusqu'à ce que le mélange soit lisse. Réfrigérer pendant au moins 1 heure.

Information nutritionnelle

30 mL (2 c. à soupe) : 14 calories; 1 g de protéines; trace de matières grasses (trace de gras saturés, 0,3 mg de cholestérol); 69 mg de sodium

Pour le dîner

*P*our un souper léger ou simplement pour essayer quelque chose de différent au dîner, les sensationnelles recettes qui suivent sont tout indiquées. Sandwiches, pizzas et galettes, et ce n'est là qu'un aperçu. La prochaine fois que des sandwiches sont au menu, les suivants sont à essayer.

Sandwiches mexicains

Servis avec des fruits frais, ils font un repas simple en semaine. Donne 6 sandwiches. Photo à la page 72.

Poulet ou dinde haché maigre	**1 lb**	**454 g**
Gousses d'ail, émincées	**2**	**2**
Jus de lime, frais ou en bouteille	**1 c. à soupe**	**15 mL**
Piments rouges du Chili broyés	**¹/₄ c. à thé**	**1 mL**
Sauce soja à faible teneur en sodium	**2 c. à thé**	**10 mL**
Paprika	**¹/₄ c. à thé**	**1 mL**
Sel	**¹/₂ c. à thé**	**2 mL**
Oignon doux, en tranches de 12 mm (¹/₂ po)	**1**	**1**
Poivron rouge, coupé en fines lanières	**1**	**1**
Poivron jaune, coupé en fines lanières	**1**	**1**
Jus de lime, frais ou en bouteille	**1 c. à soupe**	**15 mL**
Sauce soja à faible teneur en sodium	**1 c. à soupe**	**15 mL**
Sucre granulé	**1 c. à thé**	**5 mL**
Coriandre moulue	**¹/₄ c. à thé**	**1 mL**
Poivre frais, moulu	**¹/₄ c. à thé**	**1 mL**
Salsa, douce ou moyenne	**¹/₂ tasse**	**125 mL**
Petits pains croustillants	**6**	**6**

Graisser légèrement une poêle à revêtement anti-adhésif ou un wok. Faire revenir le poulet avec l'ail pendant 3 ou 4 minutes. Ajouter la première quantité de jus de lime, les piments, la sauce soja, le paprika et le sel. Faire revenir pendant 4 ou 5 minutes, jusqu'à ce que le poulet soit opaque. ■ Ajouter l'oignon, les poivrons, la seconde quantité de jus de lime et de sauce soja, le sucre, la coriandre et le poivre. Faire frire en remuant pendant 4 ou 5 minutes, jusqu'à ce que les légumes soient tendres et que le poulet soit cuit. Ajouter la salsa. Réchauffer le tout en remuant. Retirer du feu. ■ Trancher les petits pains et en enlever un peu de la mie molle au centre. Remplir 6 moitiés de petits pains avec 175 à 250 mL (³/₄ à 1 tasse) du mélange frit, puis refermer les petits pains.

Information nutritionnelle

1 sandwich : 279 calories; 22 g de protéines; 3,8 g de matières grasses (0,9 g de gras saturés, 50,7 mg de cholestérol); 1 097 mg de sodium

Poulet à la thaïlandaise

Le goût de beurre d'arachides est relevé d'un filet de vinaigre de vin rouge. Ce plat remplace bien la pizza traditionnelle. Donne 8 pointes. Photo à la page 72.

CROÛTE AU RIZ		
Riz brun, cuit	**3 tasses**	**750 mL**
Gros blancs d'œufs, battus à la fourchette	**3**	**3**
Menthe fraîche, hachée	**¹/₄ tasse**	**60 mL**
TARTINADE THAÏLANDAISE AUX ARACHIDES		
Beurre d'arachides crémeux	**2 c. à soupe**	**30 mL**
Fromage à la crème tartinable léger	**¹/₂ tasse**	**125 mL**
Huile de sésame	**1 c. à thé**	**5 mL**
Poivre de Cayenne	**¹/₈ c. à thé**	**0,5 mL**
Piments rouges du Chili broyés	**¹/₈ c. à thé**	**0,5 mL**
Sauce soja à faible teneur en sodium	**2 c. à thé**	**10 mL**
Vinaigre de vin rouge	**1 c. à soupe**	**15 mL**
Sucre granulé	**¹/₂ c. à thé**	**2 mL**
Poitrines de poulet, coupées en deux, dépouillées, désossées et tranchées en lanières	**2**	**2**
Huile aux poivrons	**1 c. à thé**	**5 mL**
Carottes, coupées en juliennes	**2**	**2**
Sauce soja à faible teneur en sodium	**1 c. à soupe**	**15 mL**
Piments rouges du Chili broyés	**¹/₈ c. à thé**	**0,5 mL**
Oignons verts, coupés en deux sur la longueur et en sections de 5 cm (2 po)	**4**	**4**
Sauce tomate	**2 c. à soupe**	**30 mL**
Mozzarella partiellement écrémé, râpé	**¹/₂ tasse**	**125 mL**
Germes de soja fraîches	**3 tasses**	**750 mL**
Graines de sésame	**1 c. à soupe**	**15 mL**
Oignon vert, tranché	**1**	**1**

Croûte de riz : Combiner les 3 ingrédients dans un bol moyen. Écraser le tout uniformément sur une plaque à pizza de 30 cm (12 po) légèrement graissée. Cuire au four à 350 °F (175 °C) pendant 5 minutes pour durcir légèrement la croûte. Laisser refroidir quelques instants.

■ **Tartinade thaïlandaise aux arachides :** Combiner les 8 ingrédients dans un petit bol. Étaler le tout sur la croûte. ■ Faire revenir le poulet dans l'huile aux poivrons dans une poêle à revêtement anti-adhésif. Remuer pendant 3 minutes. Ajouter les carottes et remuer encore 2 minutes. Ajouter la sauce soja, la seconde quantité de piments, la première quantité d'oignons verts et la sauce tomate. Chauffer en remuant jusqu'à ce que le mélange soit bien combiné et sec. L'étaler sur la croûte. ■ Répandre le fromage sur le dessus. Cuire au four à 400 °F (205 °C), sur la grille centrale, pendant 7 minutes. ■ Répandre les germes de soja, les graines de sésame et l'oignon vert tranché sur le dessus. Cuire au four pendant 5 minutes.

Information nutritionnelle

1 pointe : 226 calories; 16 g de protéines; 6,2 g de matières grasses (1,6 g de gras saturés, 21,5 mg de cholestérol); 265 mg de sodium

Fajitas au poulet

La préparation prend 25 minutes. Un plat amusant, qui se mange avec les mains. Donne 6 fajitas. Photo à la page 71.

Bouillon de poulet condensé (284 mL, 10 oz)	**$^1/_4$ tasse**	**60 mL**
Jus de lime, frais ou en bouteille	**$^1/_4$ tasse**	**60 mL**
Gousses d'ail, écrasées	**2**	**2**
Piments rouges du Chili broyés	**$^1/_2$ c. à thé**	**2 mL**
Poudre chili	**$^1/_2$ c. à thé**	**2 mL**
Cumin moulu (facultatif)	**$^1/_8$ c. à thé**	**0,5 mL**
Poitrines de poulet, coupées en deux, dépouillées et désossées	**3**	**3**
Gros oignon, tranché en rondelles fines	**1**	**1**
Poivron rouge, tranché fin	**1**	**1**
Poivron vert, tranché fin	**1**	**1**
Tortillas à la farine de 22 cm (9 po)	**6**	**6**
Crème sure sans gras (facultative)		
Laitue déchiquetée (facultative)		
Tomates, coupées en dés (facultatives)		

Combiner les 6 premiers ingrédients dans un bol moyen. ■ Ajouter les poitrines de poulet. Remuer pour les enrober d'épices. Laisser mariner le temps de préparer les légumes. Réchauffer une grande poêle à revêtement anti-adhésif légèrement graissée. Retirer le poulet de la marinade et réserver celle-ci. Saisir le poulet à la poêle jusqu'à ce qu'il soit doré. ■ Ajouter l'oignon, les poivrons et la marinade réservée. Remuer. Cuire 7 minutes sous couvert jusqu'à ce que les légumes soient tendres et que le poulet soit cuit. Poser le poulet sur une planche et le trancher fin. ■ Entasser les 6 tortillas et les envelopper dans un torchon propre et humide. Réchauffer lentement au micro-ondes ou dans un four chaud. Dresser environ 150 mL ($^2/_3$ tasse) de poulet et de légumes au centre de chaque tortilla. Garnir de crème sure, de laitue et de tomates, au goût. Replier les côtés de la tortilla sur le centre.

Information nutritionnelle

1 fajita : 252 calories; 20 g de protéines; 1,8 g de matières grasses (0,4 g de gras saturés, 34,3 mg de cholestérol); 318 mg de sodium

....

Employer du bœuf haché maigre ou très maigre. Le bœuf haché très maigre contient moins de 10 % de gras, le bœuf maigre, moins de 17 %. Le bœuf haché régulier en contient moins de 30 %.

conseil

Pointes polenta

Pour réussir une polenta, il faut remuer sans arrêt jusqu'à ce que la préparation soit très épaisse. Cela exige de la force dans les bras. Servir comme plat de résistance avec la dijonnaise crémeuse aux épinards, page 134, ou avec la sauce aux trois tomates, page 132. Couper en 8 pointes. Photo à la page 71.

Bouillon de poulet condensé	**10 oz**	**284 mL**
Eau	**4³/₄ tasses**	**1,2 L**
Semoule de maïs	**1¹/₂ tasse**	**375 mL**
Parmesan léger râpé	**¹/₄ tasse**	**60 mL**
Origan ou épices italiennes	**¹/₂ c. à thé**	**2 mL**
Persil frais, haché	**¹/₄ tasse**	**60 mL**
Piments doux, égouttés, ou poivron rouge, grillé, coupés en petits dés	**2 c. à soupe**	**30 mL**
Produit de parmesan léger râpé	**1 c. à soupe**	**15 mL**

Porter à ébullition le bouillon et l'eau dans une poêle à revêtement anti-adhésif. Ajouter lentement la semoule de maïs, en remuant sans arrêt au fouet environ 25 minutes, jusqu'à ce que le mélange soit très épais et se décolle des côtés de la poêle. ■ Incorporer la première quantité de parmesan, l'origan, le persil et les piments pendant les 5 dernières minutes de la cuisson. Étaler uniformément le tout dans un moule à tarte de 22 cm (9 po) légèrement graissé. Couvrir avec une pellicule plastique et laisser refroidir jusqu'à ce que la polenta soit ferme. ■ Démouler sur une planche et couper en 8 pointes égales. Poser celles-ci sur une plaque à pâtisserie légèrement graissée. Graisser légèrement le dessus de la polenta et y répandre la seconde quantité de parmesan. Griller au four, sur la grille centrale, environ 10 minutes, jusqu'à ce que la polenta soit tiède et dorée sur le dessus.

Information nutritionnelle

1 pointe : 126 calories; 6 g de protéines; 1,5 g de matières grasses (0,6 g de gras saturés, 2 mg de cholestérol); 311 mg de sodium

Faire sauter les viandes hachées dans une poêle à revêtement anti-adhésif sans y ajouter de gras, puis égoutter le gras qui s'est dégagé pendant la cuisson.

Galettes de lentilles garnies de champignons

Il est préférable de servir la garniture sur-le-champ. Les galettes peuvent être réfrigérées ou congelées et réchauffées au besoin. Donne 17 galettes et 500 mL (2 tasses) de garniture. Photo à la page 126.

Lentilles	**³/₄ tasse**	**175 mL**
Eau	**3 tasses**	**750 mL**
Farine de blé entier	**³/₄ tasse**	**175 mL**
Farine tout usage	**³/₄ tasse**	**175 mL**
Poudre à pâte	**4 c. à thé**	**20 mL**
Graines de carvi écrasées	**¹/₂ c. à thé**	**2 mL**
Parmesan léger râpé	**2 c. à soupe**	**30 mL**
Gros blancs d'œufs, battus à la fourchette	**3**	**3**
Hulle de canola ou huile végétale	**2 c. à soupe**	**30 mL**
Lait écrémé	**1¹/₄ tasse**	**300 mL**
Sel	**¹/₂ c. à thé**	**2 mL**
GARNITURE AUX CHAMPIGNONS		
Poivron rouge, épépiné, coupé en quatre	**1**	**1**
Oignon rouge moyen, coupé en quatre	**1**	**1**
Tranches de champignons Portabello	**6**	**6**
Huile d'olive (ou aérosol pour la cuisson)	**1 c. à thé**	**5 mL**
Zeste de citron, râpé	**¹/₂ c. à thé**	**2 mL**
Poivre frais, moulu, une pincée		
Sel assaisonné	**¹/₂ c. à thé**	**2 mL**
Produit de parmesan léger râpé	**1 c. à soupe**	**15 mL**

Ébouillanter les lentilles dans l'eau dans une grande casserole environ 5 minutes pour les attendrir. Égoutter. ■ Combiner les farines avec la poudre à pâte, les graines de carvi et le parmesan dans un bol moyen. Ajouter les lentilles et remuer. ■ Battre les blancs d'œufs à vitesse moyenne jusqu'à obtenir des pics mous. Y ajouter l'huile, le lait et le sel. Ajouter le mélange de blancs d'œufs en remuant aux lentilles et remuer jusqu'à ce que le tout soit bien lisse. Graisser une poêle à revêtement anti-adhésif, puis la réchauffer à feu moyen. Dresser le mélange de lentilles à la cuillère dans la poêle et cuire comme des crêpes.
■ **Garniture aux champignons :** Poser les tranches de poivron, d'oignon et de champignons sur une lèche-frite. Les badigeonner légèrement d'huile d'olive. Cuire au four à 500 °F (260 °C), sur la grille supérieure, pendant 20 minutes jusqu'à ce que les légumes soient tendres. Laisser refroidir dans la lèche-frite. Hacher les légumes et les mettre dans un bol moyen, en y versant aussi le jus qui s'est dégagé des légumes pendant la cuisson. Incorporer le zeste de citron, le poivre, le sel et le fromage.

Information nutritionnelle

1 galette avec 30 mL (2 c. à soupe) de garniture : 108 calories; 6 g de protéines; 4,8 g de matières grasses (0,4 g de gras saturés, 0,8 mg de cholestérol); 205 mg de sodium

Pizza libanaise

Le falafel est une spécialité du Moyen-Orient. Cette recette en est une savoureuse variante. Couper en 8 pointes. Photo à la page 126.

Farine tout usage	1¹/₂ tasse	375 mL
Farine de blé entier	1 tasse	250 mL
Levure instantanée	2 c. à thé	10 mL
Sel	¹/₄ c. à thé	1 mL
Sucre granulé	2 c. à thé	10 mL
Graines de sésame, grillées	2 c. à soupe	30 mL
Eau chaude	1 tasse	250 mL
Huile d'olive	2 c. à soupe	30 mL
Bouillon de poulet en poudre	¹/₂ c. à thé	2 mL
Eau bouillante	¹/₂ tasse	125 mL
Oignon haché	1 tasse	250 mL
Gousses d'ail, émincées	3	3
Pois chiches, en conserve, égouttés	19 oz	540 mL
Blanc d'un gros œuf	1	1
Persil frais, haché	1¹/₂ c. à soupe	25 mL
Cumin moulu	¹/₂ c. à thé	2 mL
Coriandre moulue	³/₄ c. à thé	4 mL
Curcuma moulu	¹/₈ c. à thé	0,5 mL
Sel	1 c. à thé	5 mL
Poivre frais, moulu	¹/₈ c. à thé	0,5 mL
Minces tranches de tomates	12	12
Minces rondelles de poivron vert	12	12
Minces rondelles d'oignon rouge	12	12
Mozzarella partiellement écrémé, râpé	1 tasse	250 mL

Combiner les 6 premiers ingrédients dans un bol moyen. Combiner l'eau et l'huile dans une petite tasse et ajouter le tout d'un seul coup au mélange de farine. Remuer à la fourchette jusqu'à ce que la pâte se détache des parois du bol. Poser la pâte sur une surface de travail légèrement farinée et la pétrir une trentaine de fois. Recouvrir avec un bol et laisser reposer 10 minutes. ■ Dissoudre le bouillon en poudre dans l'eau bouillante, dans une petite casserole. Bien remuer. Cuire l'oignon et l'ail dans le bouillon pendant 7 à 8 minutes pour les attendrir. ■ Mettre les 8 prochains ingrédients dans un robot culinaire. Mélanger. Ajouter le mélange de bouillon et travailler jusqu'à ce que le mélange soit presque lisse. ■ Graisser légèrement une surface plane. Abaisser la pâte pour qu'elle couvre une plaque à pizza de 35 cm (14 po). Graisser légèrement la plaque à pizza et y mettre la pâte, en façonnant un bord sur le pourtour. Étaler le mélange de pois chiches sur la pâte. Cuire au four à 425 °F (220 °C), sur la grille centrale, pendant 15 minutes. Répandre les tranches de tomate, de poivron et d'oignon sur le dessus, puis couvrir de mozzarella. Cuire au four 15 minutes de plus, jusqu'à ce que le fromage soit légèrement doré.

Information nutritionnelle

1 pointe : 305 calories; 13 g de protéines; 8,5 g de matières grasses (2,4 g de gras saturés, 8,9 mg de cholestérol); 621 mg de sodium

Baguette à la salade

Un sandwich très rafraîchissant. Les légumes se combinent parfaitement. Il convient pour le dîner ou pour un souper léger. Couper la baguette en 6 sandwiches. Photo à la page 125.

Tomates italiennes, épépinées et coupées en juliennes	**2**	**2**
Olives mûres, dénoyautées, hachées fin	**2 c. à soupe**	**30 mL**
Basilic frais, haché	**2 c. à soupe**	**30 mL**
Sel	**¹/₄ c. à thé**	**1 mL**
Poivre frais, moulu, une pincée		
Huile d'olive	**1 c. à soupe**	**15 mL**
Vinaigre de vin rouge	**1 c. à soupe**	**15 mL**
Concombre anglais, non pelé, coupé en bâtonnets de 15 cm (6 po)	**1**	**1**
Poivron rouge, jaune ou vert	**1**	**1**
Baguette multigrain de 50 cm (20 po) de long	**1**	**1**
Oignon rouge, tranché très fin sur la hauteur	**¹/₂**	**¹/₂**
Germes mélangées	**1 tasse**	**250 mL**

Combiner les tomates et les olives avec le basilic, le sel et le poivre dans un petit bol. Arroser d'huile d'olive et de vinaigre. Remuer doucement pour combiner le tout. Laisser reposer à la température de la pièce le temps de préparer les légumes et le pain. ■ Trancher le concombre et le poivron en deux sur la longueur, puis en longues lanières. ■ Trancher la baguette en deux sur la longueur. En dégager suffisamment de mie pour former un léger creux au centre des deux moitiés. Égoutter le mélange de tomates, en réservant la vinaigrette. En badigeonner l'intérieur des deux moitiés de la baguette. Étaler le concombre, le poivron, l'oignon et les germes sur une des moitiés de baguette. Couvrir avec l'autre moitié. Trancher sur la diagonale en 6 sandwiches. Les envelopper bien serrés dans une pellicule plastique et conserver au réfrigérateur en attendant de servir.

Information nutritionnelle

1 sandwich : 140 calories; 5 g de protéines; 3,7 g de matières grasses (0,6 g de gras saturés, 0 mg de cholestérol); 333 mg de sodium

Variante : Répandre 125 mL (¹/₂ tasse) de fromage râpé (au choix) sur les légumes avant de refermer la baguette.

Opter pour le thon mis en conserve dans l'eau et non dans l'huile. Sinon, rincer le thon à l'eau chaude pour en ôter la plupart du gras.

conseil

Omelette foo yong

Un plat de résistance léger ou un dîner pour quatre. On peut aussi façonner des petites omelettes de la taille de crêpes au lieu de deux grosses omelettes. Donne 8 pointes.

Carottes, râpées	¹/₄ tasse	60 mL
Oignon haché	¹/₂ tasse	125 mL
Céleri, haché	¹/₂ tasse	125 mL
Petite gousse d'ail, écrasée	1	1
Germes de soja fraîches	2 tasses	500 mL
Produit d'œufs congelé (Egg Beaters par exemple), dégelé	1 tasse	250 mL
Sel, une pincée		
Poivre, une pincée		
SAUCE		
Bouillon de poulet condensé (284 mL, 10 oz)	¹/₄ tasse	60 mL
Eau	¹/₄ tasse	60 mL
Sauce soja à faible teneur en sodium	4 c. à thé	20 mL
Fécule de maïs	1¹/₂ c. à thé	7 mL

Graisser légèrement une poêle à revêtement anti-adhésif de 25 cm (10 po). Faire revenir les carottes, l'oignon, le céleri, l'ail et les germes pendant 5 minutes. Verser le tout dans un bol. ■ Regraisser légèrement la poêle et y verser 125 mL (¹/₂ tasse) du produit d'œufs. Saler et poivrer. Étaler la moitié des légumes sur le produit d'œufs. Couvrir. Cuire environ 3 minutes, sans remuer, jusqu'à ce que l'omelette soit assez prise pour pouvoir la retourner. Retourner l'omelette et poursuivre la cuisson 1 minute. La poser dans un plat et garder au chaud. Cuire de la même façon le reste du produit d'œufs et de légumes. Couper chaque omelette en 4 pointes. ■ **Sauce :** Combiner les 4 ingrédients dans une petite casserole. Chauffer en remuant, jusqu'à ce que la sauce bouille et épaississe légèrement. Arroser les pointes d'omelette d'un filet de sauce au moment de servir ou servir la sauce en accompagnement.

Information nutritionnelle

1 pointe : 39 calories; 5 g de protéines; 0,4 g de matières grasses (0,1 g de gras saturés, 0,1 mg de cholestérol); 297 mg de sodium

Remplacer chaque gros œuf demandé dans une recette par 60 mL (¹/₄ tasse) de produit d'œufs congelé (Egg Beaters par exemple).

Focaccia aux légumes grillés

Si jolie! Si savoureuse! Si simple! La préparation prend 30 minutes en tout. Couper en 8 grosses pointes. Photo à la page 71.

Oignon rouge moyen, tranché fin	¹/₂	¹/₂
Champignons frais, tranchés	2 tasses	500 mL
Poivron jaune ou orange, coupé en lanières	1	1
Tomates italiennes, hachées	2	2
Huile d'olive	¹/₂ **c. à thé**	2 mL
Vinaigre balsamique	2 c. à soupe	30 mL
Petite gousse d'ail, écrasée	1	1
Basilic frais, haché	2 c. à soupe	30 mL
Poivre frais, moulu	¹/₄ **c. à thé**	1 mL
Focaccia italienne à croûte fine ou pain-galette de 30 cm (12 po)	1	1
Mozzarella partiellement écrémé, râpé	1 tasse	250 mL

Combiner les 4 légumes dans un grand bol. ■ Verser l'huile, le vinaigre, l'ail, le basilic et le poivre dans un petit bol. Fouetter pour les combiner. Verser sur les légumes. Remuer. Étaler les légumes en une seule couche sur une grande plaque à pâtisserie non graissée et munie de côtés. Cuire sur la grille supérieure du four, à découvert, à 500 °F (260 °C) pendant 10 minutes, jusqu'à ce que les légumes soient tendres. ■ Réduire la chaleur à 450 °F (230 °C). Éparpiller les légumes grillés uniformément sur la focaccia, en allant jusqu'au bord. Répandre le fromage sur les légumes. Poser la focaccia sur une grande plaque à pizza ou directement sur la grille du four, au centre, et poursuivre la cuisson pendant 8 à 10 minutes, jusqu'à ce que le fromage ait fondu et que la croûte soit croustillante.

Information nutritionnelle

1 pointe : 168 calories; 8 g de protéines; 3,8 g de matières grasses (1,8 g de gras saturés, 9,7 mg de cholestérol); 546 mg de sodium

Choisir des pains, des céréales et des craquelins à faible teneur en gras. Par exemple, opter pour des bagels plutôt que des croissants.

conseil

Bœuf Stroganov

Pour trancher la viande plus facilement, la surgeler en partie. Servir avec des pâtes de blé entier, du riz brun, des pâtes aux tomates ou des pâtes jaunes (aux carottes). Donne 1 L (4 tasses).

Bifteck de surlonge maigre, gras visible enlevé	1 lb	454 g
Oignons moyens, tranchés fin	2	2
Gousses d'ail, écrasées	2	2
Champignons frais, tranchés	3 tasses	750 mL
Bouillon de bœuf condensé	10 oz	284 mL
Sauce Worcestershire	1 c. à thé	5 mL
Lait écrémé évaporé	13¹/₂ oz	385 mL
Fécule de maïs	2 c. à soupe	30 mL
Crème sure sans gras	1 tasse	250 mL
Sel	1 c. à thé	5 mL
Poivre	¹/₄ c. à thé	1 mL

Couper la viande en tranches très minces. Graisser légèrement une grande poêle à revêtement anti-adhésif ou un wok. Faire revenir l'oignon, l'ail et les champignons jusqu'à ce que les légumes soient tendres et que le liquide soit évaporé. Ajouter le bœuf. Faire revenir 6 minutes.
■ Incorporer le bouillon et la sauce Worcestershire. Délayer la fécule de maïs dans le lait dans une petite tasse. Incorporer en remuant au mélange de viande dans la poêle. Chauffer jusqu'à ce que la préparation bouille et épaississe. Retirer du feu et incorporer la crème sure en remuant. Saler et poivrer.

Information nutritionnelle

250 mL (1 tasse) : 294 calories; 36 g de protéines; 5 g de matières grasses (1,9 g de gras saturés, 57,2 mg de cholestérol); 1 363 mg de sodium

Sandwiches chauds à la dinde et aux pommes

Rapidement prêts, ils sont faciles à assembler. Donne 6 sandwiches. Photo à la page 126.

Dinde maigre, hachée	1 lb	454 g
Gros œuf, battu à la fourchette	1	1
Craquelins, écrasés fin	1 tasse	250 mL
Oignon, haché fin	2 c. à soupe	30 mL
Petite gousse d'ail, écrasée	1	1
Pomme rouge, non pelée, en petits dés	1	1
Persil frais, haché	1 c. à soupe	15 mL
Sel	³/₄ c. à thé	4 mL
Poivre	¹/₂ c. à thé	2 mL

(Suite...)

Combiner les 9 ingrédients dans un grand bol. Façonner 6 galettes. Griller au four à 10 cm (4 po) de l'élément chauffant pendant 10 minutes de chaque côté, ou griller au barbecue, à feu moyen.

Information nutritionnelle

1 sandwich : 174 calories; 19 g de protéines; 4 g de matières grasses (1,1 g de gras saturés, 91,2 mg de cholestérol); 552 mg de sodium

Crevettes au cari et couscous

Le cari est léger et le tout, un peu sucré, grâce au chutney. Le yogourt a pour effet de «rafraîchir» le plat. Pour 6 personnes. Photo à la page 76.

Bouillon de poulet en cube à basse teneur en matières grasses	$^1/_4 \times ^1/_3$ **oz**	$^1/_4 \times$ **10,5 g**
Eau bouillante	$^1/_4$ **tasse**	**60 mL**
Chutney aux mangues, page 136	$^1/_3$ **tasse**	**75 mL**
Pâte de cari (au rayon des produits orientaux des magasins d'alimentation)	**1 c. à soupe**	**15 mL**
Carottes, tranchées fin en diagonale	**3**	**3**
Oignon moyen, coupé en 2 sur la hauteur et émincé	**1**	**1**
Poivron rouge, coupé en morceaux de 2,5 cm (1 po)	**1**	**1**
Petits pois frais écossés ou en cosses	**1 tasse**	**250 mL**
Crevettes moyennes cuites, décortiquées et déveinées	**1 lb**	**454 g**
Yogourt nature sans gras	$^3/_4$ **tasse**	**175 mL**
Eau bouillante	$1^1/_2$ **tasse**	**375 mL**
Couscous	$1^1/_2$ **tasse**	**375 mL**

Dissoudre le morceau de bouillon en cube dans l'eau pour faire un bouillon. Bien remuer. ■ Réchauffer le bouillon, le chutney et la pâte de cari dans un wok à revêtement anti-adhésif. Ajouter les carottes et l'oignon. Faire frire en remuant pendant 3 minutes. Ajouter le poivron et les pois. Remuer et faire frire pendant 3 minutes, jusqu'à ce que le poivron soit tendre, mais encore croquant, et que les pois soient vert vif. Ajouter les crevettes. Couvrir. Secouer pendant 2 minutes pour bien réchauffer le tout. Retirer du feu. Incorporer le yogourt. ■ Verser l'eau bouillante sur le couscous. Laisser reposer 5 minutes. Servir la garniture aux crevettes sur le couscous.

Information nutritionnelle

1 portion : 338 calories; 25 g de protéines; 2,5 g de matières grasses (0,4 g de gras saturés, 115,6 mg de cholestérol); 257 mg de sodium

Pour ajouter du goût, de la texture et de la couleur à un sandwich, il suffit d'y mettre des légumes frais, des germes, des fruits frais tranchés ou des poivrons grillés.

conseil

Frittata aux crevettes

Convient pour le brunch, le dîner ou le souper. Pour 6 personnes. Photo à la page 71.

Tranches de pain vieux d'un jour	**6**	**6**
Petites crevettes cuites	**8 oz**	**225 g**
Cheddar râpé à basse teneur en matière grasses	**1/2 tasse**	**125 mL**
Poivron rouge ou vert, coupé en petits dés	**1/4 tasse**	**60 mL**
Produit d'œufs congelé (Egg Beaters par exemple), dégelé	**1 tasse**	**250 mL**
Moutarde de Dijon	**2 c. à thé**	**10 mL**
Sel de céleri	**1/2 c. à thé**	**2 mL**
Lait écrémé évaporé	**13 1/2 oz**	**385 mL**
Lait écrémé	**1/3 tasse**	**75 mL**
Céréales de riz croustillant (Special K par exemple)	**1/2 tasse**	**125 mL**
Cheddar râpé à basse teneur en matière grasses	**1/2 tasse**	**125 mL**
Paprika, une pincée		

Couper les tranches de pain en cubes de 12 mm (1/2 po). Graisser légèrement un plat rond en verre de 22 cm (9 po) ou une cocotte de 2 L (2 pte). Répandre la moitié des cubes de pain dans le fond du plat. Les couvrir avec les crevettes, la première quantité de fromage et les poivrons. Recouvrir du reste des cubes de pain. ■ Combiner le produit d'œufs, la moutarde, le sel de céleri, le lait évaporé et le lait écrémé dans un bol moyen. Verser le tout dans le plat, en enfonçant légèrement le pain. Cuire au four à découvert à 350 °F (175 °C) pendant 45 minutes. ■ Combiner les céréales et la seconde quantité de fromage. Étaler le tout sur le dessus du plat. Saupoudrer de paprika. Cuire au four à découvert pendant 15 minutes pour que le fromage fonde. Laisser reposer 5 minutes avant de servir.

Information nutritionnelle

1 portion : 265 calories; 26 g de protéines; 5,9 g de matières grasses (3 g de gras saturés, 88,7 mg de cholestérol); 678 mg de sodium

conseil

Remplacer la crème par du lait écrémé évaporé. En effet, 125 mL (1/2 tasse) de lait écrémé évaporé contient 0,3 g de matières grasses, la crème moitié-moitié en contient presque 13 g et la crème de table régulière (crème à café) en contient de 19 à 23 g.

Plats de résistance

uand l'heure du souper est proche et que l'inspiration manque, il suffit de choisir parmi

ces délicieux plats de résistance à faible teneur en gras. Le succès est assuré! Des poitrines

de poulet dépouillées aux filets de poisson, en passant par les coupes maigres de bœuf et de

porc, c'est avec grand plaisir que toute la famille découvrira les joies de la cuisine faible

en gras!

Dinde rôtie en sauce aux canneberges et à la rhubarbe

Autant de viande blanche qu'on en veut! La cuisson prend moins de temps que celle d'une dinde entière.
Pour 8 personnes.

SAUCE AUX CANNEBERGES ET À LA RHUBARBE		
Rhubarbe fraîche ou surgelée, hachée	**2 tasses**	**500 mL**
Canneberges, fraîches ou surgelées	**2 tasses**	**500 mL**
Sucre granulé	**$^1/_2$ tasse**	**125 mL**
Bâtonnet de cannelle de 10 cm (4 po)	**1**	**1**
Jus et zeste râpé d'une orange		
Cointreau ou autre liqueur à l'orange	**2 c. à soupe**	**30 mL**
Rôti de poitrine de dinde, désossé et ficelé	**$3^1/_3$ lb**	**1,5 kg**

Sauce aux canneberges et à la rhubarbe : Combiner la rhubarbe et les canneberges avec le sucre, la cannelle, le jus d'orange et le zeste dans une casserole moyenne. Porter à ébullition. Réduire la chaleur immédiatement. Couvrir et laisser mijoter pendant 6 minutes, jusqu'à ce que les canneberges commencent à éclater. Retirer du feu. Laisser refroidir quelques instants. Ôter le bâtonnet de cannelle et incorporer le Cointreau. ■ Poser le rôti de dinde dans une cocotte de 3 L (3 pte) non graissée. Étaler 125 mL ($^1/_2$ tasse) de sauce sur le dessus. Rôtir sous couvert à 350 °F (175 °C) pendant 40 minutes, en arrosant le rôti de jus de cuisson à mi-cuisson. Étaler encore 125 mL ($^1/_2$ tasse) de sauce sur le rôti. Rôtir sous couvert pendant 40 à 50 minutes, en arrosant le rôti de jus de cuisson à mi-cuisson. Lorsque le rôti est prêt, le thermomètre à viande devrait indiquer 170 °F (75 °C). Racler le rôti pour en ôter les morceaux de rhubarbe ou de canneberges qui y sont collés. Jeter le jus de cuisson. Trancher le rôti et servir avec les 500 mL (2 tasses) de sauce qui restent.

Information nutritionnelle

1 portion : 295 calories; 47 g de protéines; 1,4 g de matières grasses (0,4 g de gras saturés, 116,3 mg de cholestérol); 93 mg de sodium

Poulet teriyaki

La préparation ne prend que 10 minutes. Servir avec du riz et le chutney aux mangues, page 136. Donne 400 mL (1²/₃ tasse) de sauce et environ 12 morceaux de poulet. Pour 6 personnes.

Morceaux de poulet, dépouillés	**3 lb**	**1,4 kg**
Jus de citron frais	**1 c. à soupe**	**15 mL**
Zeste de citron, râpé	**1 c. à thé**	**5 mL**
Gousses d'ail, émincées	**3**	**3**
Sherry (ou sherry sans alcool)	**¹/₄ tasse**	**60 mL**
Cassonade, tassée	**¹/₂ tasse**	**125 mL**
Mélasse légère	**2 c. à soupe**	**30 mL**
Moutarde de Dijon	**1 c. à soupe**	**15 mL**
Sauce soja à faible teneur en sodium	**¹/₄ tasse**	**60 mL**
Sauce piquante aux piments	**¹/₈ c. à thé**	**0,5 mL**
Fécule de maïs	**4 c. à thé**	**20 mL**

Graisser légèrement un plat à rôtir peu profond. Y mettre les morceaux de poulet en une seule couche. ■ Combiner les 10 derniers ingrédients dans un petit bol. Bien mélanger. Verser sur le poulet. Cuire au four sous couvert à 350 °F (175 °C) pendant 45 minutes. Découvrir le plat et retourner les morceaux de poulet. Poursuivre la cuisson au four à découvert pendant 15 minutes.

Information nutritionnelle

1 portion : 250 calories; 26 g de protéines; 3,4 g de matières grasses (0,8 g de gras saturés, 77,4 mg de cholestérol); 570 mg de sodium

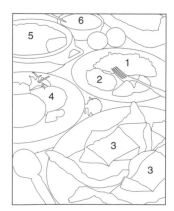

1. Salade orientale, page 122
2. Poulet aux abricots, page 91
3. Poisson en parchemin, page 100
4. Galettes de courgettes, page 152
5. Gratin de chou-fleur, page 149
6. Tartinade aux abricots, page 68

Poulet aux abricots

Idéal pour accompagner une salade verte. La préparation ne prend que 15 minutes. Pour 6 personnes. Photo à la page 89.

Moitiés d'abricots, en conserve, non égouttés	14 oz	398 mL
Gingembre frais, râpé	$^1/_2$ c. à thé	2 mL
Sauce chili	2 c. à soupe	30 mL
Miel liquide	3 c. à soupe	50 mL
Sauce soja à faible teneur en sodium	1 c. à soupe	15 mL
Poitrines de poulet, coupées en deux, dépouillées et désossées	6	6

Égoutter les abricots dans un petit bol et réserver les fruits. Ajouter le gingembre, la sauce chili, le miel et la sauce soja au jus. Bien remuer. ■ Placer le poulet et le mélange de jus dans un sac de plastique muni d'une fermeture. Laisser mariner quelques heures ou jusqu'au lendemain au réfrigérateur, en retournant le sac pour napper le poulet de marinade. Graisser légèrement une cocotte de 2 L (2 pte). Coucher le poulet au fond. Cuire au four à 350 °F (175 °C) pendant 20 minutes. Verser la marinade dans une petite casserole et la laisser bouillir 4 minutes pour la réduire légèrement et l'épaissir. Badigeonner le poulet d'un peu de sauce et poursuivre la cuisson pendant 20 minutes. Poser les abricots réservés sur le poulet. Arroser du reste de sauce et cuire 10 minutes pour bien réchauffer les abricots.

Information nutritionnelle

1 portion : 203 calories; 28 g de protéines; 1,5 g de matières grasses (0,4 g de gras saturés, 68,4 mg de cholestérol); 331 mg de sodium

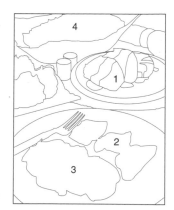

1. Roulé de dinde farci en sauce au vin, page 94
2. Poulet au sherry et aux tomates, page 95
3. Antipasto, page 120
4. Macédoine chinoise, page 150

Poulet à l'orientale

Délicieux avec du couscous ou un pilaf de riz. Pour 8 personnes.

Poitrines et cuisses de poulet, coupées en deux, dépouillées	**4 lb**	**1,8 kg**
Petit oignon, grossièrement haché	**1**	**1**
Yogourt de lait écrémé nature	**2 tasses**	**500 mL**
Jus de lime, frais ou en bouteille	**¹/₄ tasse**	**60 mL**
Gousses d'ail, écrasées	**3**	**3**
Gingembre frais, râpé	**1 c. à soupe**	**15 mL**
Curcuma moulu	**¹/₂ c. à thé**	**2 mL**
Cumin moulu	**¹/₄ c. à thé**	**1 mL**
Coriandre moulue	**¹/₂ c. à thé**	**2 mL**
Cardamome moulue	**¹/₂ c. à thé**	**2 mL**
Paprika	**2 c. à thé**	**10 mL**
Sel	**2 c. à thé**	**10 mL**

Laver le poulet, l'essuyer avec un essuie-tout puis y pratiquer plusieurs incisions avec un couteau affûté. Poser le poulet dans un grand bol de verre ou autre matériau non métallique ou dans un grand sac pour le congélateur. ■ Combiner les 11 derniers ingrédients dans un bol moyen et verser le tout sur le poulet. Bien remuer pour napper tout le poulet. Laisser mariner 12 à 24 heures au réfrigérateur, en remuant à plusieurs reprises pour napper de nouveau le poulet. Sortir celui-ci du mélange de yogourt et jeter la marinade. Poser le poulet dans un plat de 22 × 33 cm (9 × 13 po) non graissé. Cuire au four à 375 °F (190 °C) pendant 1 heure or jusqu'à ce que le poulet soit complètement cuit là où il est le plus épais.

Variante : Griller le poulet mariné au barbecue à feu moyen environ 1 heure, en graissant la grille. Retourner souvent le poulet pour le dorer et le cuire uniformément.

Information nutritionnelle

1 portion : 181 calories; 32 g de protéines; 3,2 g de matières grasses (0,8 g de gras saturés, 94,9 mg de cholestérol); 465 mg de sodium

Choisir du poisson, de la volaille (dépouillée et dégraissée) ou des coupes de viande maigres. Comme les coupes de viande plus tendres contiennent plus de gras, il faut réduire la taille des portions.

Poulet à la semoule et sauce aux tomates fraîches

La sauce gagne en saveur en reposant. On la prépare alors que le poulet cuit. Pour 6 personnes. Photo à la page 18.

Poitrines de poulet, coupées en deux, dépouillées et désossées	**6**	**6**
Gros blancs d'œufs, battus à la fourchette	**2**	**2**
Semoule de maïs	**¹/₂ tasse**	**125 mL**
Poudre chili	**2 c. à thé**	**10 mL**
Origan déshydraté, écrasé	**1 c. à thé**	**5 mL**
Sel assaisonné	**¹/₂ c. à thé**	**2 mL**
Aérosol pour la cuisson, pour rendre croustillant (facultatif)		
SAUCE AUX TOMATES FRAÎCHES		
Grosses tomates italiennes, coupées en quatre	**2**	**2**
Oignons verts, tranchés en gros morceaux	**4**	**4**
Petite gousse d'ail	**1**	**1**
Petit piment du Chili frais ou piment jalapeño	**1**	**1**
Coriandre fraîche, hachée	**1 c. à soupe**	**15 mL**
Jus de lime, frais ou en bouteille	**2 c. à thé**	**10 mL**
Sel	**¹/₂ c. à thé**	**2 mL**

Laver les poitrines de poulet et les essuyer avec un essuie-tout. Couper chaque poitrine en deux sur la diagonale pour obtenir 12 morceaux longs et étroits. ■ Mêler le poulet avec les blancs d'œufs dans un bol moyen. ■ Graisser légèrement une lèche-frite peu profonde. Mélanger la semoule de maïs, la poudre chili, l'origan et le sel assaisonné dans un petit bol. Saupoudrer la ¹/₂ de ce mélange sur une feuille de papier ciré. Passer la moitié des morceaux de poulet dans le mélange pour les en rober. Poser les morceaux dans la lèche-frite. Préparer de la même manière les autres morceaux de poulet. Vaporiser le poulet d'une fine couche d'aérosol pour la cuisson. Cuire au four à 350 °F (175 °C) pendant 15 minutes. Retourner les morceaux de poulet. Cuire au four 10 minutes de plus, jusqu'à ce que le poulet soit cuit et doré. ■ **Sauce aux tomates fraîches :** Combiner les 7 ingrédients dans un robot culinaire jusqu'à obtenir pratiquement une purée. Le goût devient plus prononcé si on laisse reposer la sauce. Servir avec le poulet.

Information nutritionnelle

1 portion : 197 calories; 30 g de protéines; 2 g de matières grasses (0,4 g de gras saturés, 68,4 mg de cholestérol); 561 mg de sodium

••••••••••••••••••••••••••••••••••

Dégraisser le bœuf, le poulet et le porc et dépouiller la volaille.

conseil

Roulé de dinde farci en sauce au vin

La préparation est un peu exigeante, mais n'est pas difficile. Le résultat est délicieux et joli quand on le sert déjà tranché. Arroser les tranches d'un filet de sauce et servir le reste en accompagnement. Pour 8 personnes. Photo à la page 90.

Oignon haché	**1 tasse**	**250 mL**
Céleri, haché	**1 tasse**	**250 mL**
Margarine dure	**1 c. à soupe**	**15 mL**
Carottes, râpées	**1 tasse**	**250 mL**
Chapelure fine	**1 tasse**	**250 mL**
Bouillon de poulet en cube à basse teneur en matières grasses	**1 × $^1/_3$ oz**	**1 × 10,5 g**
Eau bouillante	**$^3/_4$ tasse**	**175 mL**
Persil frais, haché	**$^1/_4$ tasse**	**60 mL**
Sauge moulue	**$^1/_2$ c. à thé**	**2 mL**
Thym moulu	**$^1/_4$ c. à thé**	**1 mL**
Dinde maigre, hachée	**1$^1/_2$ lb**	**680 g**
Gros blancs d'œufs, battus à la fourchette	**2**	**2**
Gousse d'ail, écrasée	**1**	**1**
Chapelure fine	**$^1/_4$ tasse**	**60 mL**
Sel	**1 c. à thé**	**5 mL**
Poivre	**1 c. à thé**	**5 mL**
Eau	**$^1/_2$ tasse**	**125 mL**
Vin blanc	**$^1/_2$ tasse**	**125 mL**
SAUCE AU VIN		
Jus de cuisson	**$^1/_4$ tasse**	**60 mL**
Vin blanc	**$^1/_4$ tasse**	**60 mL**
Bouillon de poulet condensé	**10 oz**	**284 mL**
Fécule de maïs	**2 c. à soupe**	**30 mL**
Eau	**$^1/_2$ tasse**	**125 mL**

Faire revenir l'oignon et le céleri dans la margarine, dans une poêle à revêtement anti-adhésif pendant 10 minutes. Ajouter les carottes. Faire revenir, en remuant souvent, jusqu'à ce que l'oignon soit tendre. Retirer du feu et incorporer en remuant la première quantité de chapelure. Dissoudre le cube de bouillon dans l'eau bouillante. Incorporer le bouillon en remuant au mélange d'oignon. Ajouter le persil, le sauge et le thym. Le mélange devrait rester en boule quand on le serre dans le poing. Ajouter un peu d'eau si la farce est trop sèche. Réserver. ■ Combiner la dinde hachée avec les blancs d'œufs, l'ail, la seconde quantité de chapelure, le sel et le poivre. Bien mélanger. Couper une feuille de papier ciré de 40 cm (16 po) de long. Étaler le mélange de dinde dessus, en un rectangle de 25 × 35 cm (10 × 14 po) et l'aplatir avec la main pour éliminer les trous.

(Suite...)

■ Recouvrir la viande avec la farce et l'aplatir légèrement avec la main. Enrouler le tout bien serré, en commençant par le côté étroit et en dégageant le papier ciré à mesure. Poser délicatement le roulé dans un plat à rôtir légèrement graissé. Cuire au four sous couvert à 350 °F (175 °C) pendant 1 heure. Ajouter le vin et l'eau. Cuire au four pendant ¹/₂ heure, en arrosant à 2 reprises le roulé avec le jus de cuisson. Poser le roulé sur un plat et le laisser reposer le temps de préparer la sauce. ■ **Sauce au vin :** Prélever le jus de cuisson dans le plat à rôtir et le dégraisser. Le combiner avec le vin et le bouillon de poulet condensé. Délayer la fécule de maïs dans l'eau dans une petite tasse. L'incorporer au fouet au mélange de vin. Chauffer jusqu'à ce que la sauce bouille et épaississe. Donne 400 mL (1²/₃ tasse) de sauce.

Information nutritionnelle

1 portion arrosée de 50 mL (3 c. à soupe) de sauce : 239 calories; 25 g de protéines; 4,3 g de matières grasses (1,1 g de gras saturés, 62,6 mg de cholestérol); 889 mg de sodium

Poulet au sherry et aux tomates

La sauce est légèrement sucrée. Un plat élégant, qui convient pour recevoir. Pour 4 personnes. Photo à la page 90 et sur la couverture.

Huile d'olive	2 c. à thé	10 mL
Poitrines de poulet, dépouillées et désossées, coupées en diagonale	4	4
Sel, une pincée		
Poivre frais, moulu, une pincée		
Gousse d'ail, émincée	1	1
Échalotes, hachées fin	¹/₄ tasse	60 mL
Bouillon de poulet condensé (284 mL, 10 oz)	1 tasse	250 mL
Demi-tomates séchées au soleil, coupées en quatre avec des ciseaux	8	8
Fécule de maïs	2 c. à thé	10 mL
Sherry	¹/₃ tasse	75 mL

Réchauffer l'huile dans une grande poêle à revêtement anti-adhésif à feu moyen. Saisir le poulet pendant 3 ou 4 minutes de chaque côté. Saler et poivrer. Réserver au chaud sur une assiette. ■ Dans la même poêle, faire sauter l'ail et les échalotes en remuant sans arrêt, jusqu'à ce qu'ils soient dorés. Incorporer le bouillon de poulet et porter à ébullition. Remettre le poulet dans la poêle, en le retournant pour le napper de sauce. Laisser mijoter sous couvert pendant 10 minutes, le temps que le poulet cuise complètement. ■ Découvrir. Poser le poulet dans un plat et le garder au chaud. Incorporer les tomates. Laisser mijoter, en remuant sans arrêt, pendant 3 minutes. Délayer la fécule de maïs dans le sherry dans une petite tasse et incorporer le tout, en remuant, à la sauce. Laisser mijoter environ 2 minutes, jusqu'à ce que la sauce épaississe légèrement et que les tomates mollissent. Napper le poulet de sauce et servir.

Information nutritionnelle

1 portion : 228 calories; 32 g de protéines; 5 g de matières grasses (1 g de gras saturés, 69,2 mg de cholestérol); 562 mg de sodium

Poivrons farcis

La préparation ne prend que 20 minutes. Employer un reste de riz brun ou cuire du riz brun avant de faire sauter le poulet. Pour 6 personnes. Photo sur la couverture.

Poulet ou dinde, haché	**$^1/_2$ lb**	**225 g**
Oignon, haché fin	**$^1/_2$ tasse**	**125 mL**
Céleri, coupé en petits dés	**$^1/_2$ tasse**	**125 mL**
Gousse d'ail, émincée	**1**	**1**
Riz brun, cuit	**$1^1/_2$ tasse**	**375 mL**
Sauce tomate	**$7^1/_2$ oz**	**213 mL**
Sucre granulé	**$^1/_4$ c. à thé**	**1 mL**
Origan entier	**$^1/_4$ c. à thé**	**1 mL**
Basilic déshydraté	**$^1/_4$ c. à thé**	**1 mL**
Sel	**$^1/_4$ c. à thé**	**1 mL**
Poivre frais, moulu	**$^1/_8$ c. à thé**	**0,5 mL**
Gros poivrons rouges, verts ou jaunes, coupés en deux sur la hauteur, épépinés	**3**	**3**
Bouillon de poulet en poudre	**$1^1/_2$ c. à thé**	**7 mL**
Eau bouillante	**$^1/_4$ tasse**	**60 mL**

Graisser légèrement une poêle à revêtement anti-adhésif. Faire sauter le poulet haché, l'oignon, le céleri et l'ail environ 10 minutes jusqu'à ce que le poulet soit cuit et que les légumes soient tendres. ■ Incorporer le riz, la sauce tomate, le sucre, l'origan, le basilic, le sel et le poivre. Retirer du feu. ■ Répartir le mélange de poulet dans les moitiés de poivrons, puis poser celles-ci dans un plat de 22 × 33 cm (9 × 13 po) non graissé. ■ Dissoudre le bouillon en poudre dans l'eau dans une petite tasse. Verser le bouillon dans le plat, autour des poivrons. Recouvrir de papier d'aluminium. Cuire au four à 350 °F (175 °C) environ 45 minutes. En fin de cuisson, les poivrons devraient être tendres, mais encore croquants.

Information nutritionnelle

1 portion : 131 calories; 10 g de protéines; 1,8 g de matières grasses (0,4 g de gras saturés, 24,5 mg de cholestérol); 539 mg de sodium

• •

Au lieu de frire les viandes dans l'huile, il vaut mieux les cuire ou les griller au four, les rôtir, les faire sauter, les braiser ou les cuire en ragoût.

Poulet farci au crabe avec sauce au persil

Un joli plat, fait pour recevoir. Les restes se conservent trois jours au réfrigérateur et il suffit de les réchauffer. Donne 6 roulés de poulet. Photo à la page 144.

Poitrines de poulet, coupées en deux, dépouillées et désossées	**6**	**6**
Chair de crabe en conserve, égouttée, défaite, cartilage ôté	**4,2 oz**	**120 g**
Chapelure fine	**1/4 tasse**	**60 mL**
Cheddar ou gruyère à basse teneur en matière grasses	**1/4 tasse**	**60 mL**
Poivron rouge, haché fin	**2 c. à soupe**	**30 mL**
Vin blanc	**3 c. à soupe**	**50 mL**
Sel, une pincée		
Poivre, une pincée		
Bouillon de poulet en cube à basse teneur en matières grasses	**1/2 × 1/3 oz**	**1/2 × 10,5 g**
Eau bouillante	**1/2 tasse**	**125 mL**
Feuille de laurier	**1**	**1**
Persil frais, haché	**3 c. à soupe**	**50 mL**
Fécule de maïs	**2 c. à thé**	**10 mL**
Vin blanc	**1 c. à soupe**	**15 mL**

Aplatir les poitrines de poulet à 6 mm (1/4 po) d'épaisseur entre 2 feuilles de pellicule plastique avec le côté plat d'un maillet ou un rouleau à pâtisserie. ■ Combiner le crabe, la chapelure, le fromage et le poivron pour faire la farce. Arroser le poulet de la première quantité de vin pour l'humecter. Dresser 60 mL (1/4 tasse) de farce au milieu de chaque morceau de poulet et enrouler en commençant du côté court et en repliant les bords pour enfermer la farce. Retenir avec des cure-dents en bois ou ficeler les poitrines roulées. Saler et poivrer les roulés et les mettre dans une cocotte de 2 L (2 pte) non graissée. ■ Dissoudre le morceau de cube de bouillon dans l'eau bouillante, dans une petite tasse. Verser le bouillon dans la cocotte. Ajouter la feuille de laurier et répandre le persil sur le poulet. Cuire au four sous couvert à 350 °F (175 °C) pendant 45 minutes. Poser le poulet dans un plat. Réserver le liquide de cuisson, mais jeter la feuille de laurier. ■ Chauffer le liquide réservé sur la cuisinière. Délayer la fécule de maïs dans la seconde quantité de vin blanc, dans une petite tasse. Incorporer lentement, au fouet, au liquide réservé. Laisser bouillir jusqu'à ce que la sauce épaississe légèrement. Ôter les cure-dents des morceaux de poulet et napper ceux-ci de sauce avant de servir.

Information nutritionnelle

1 roulé au poulet : 190 calories; 32 g de protéines; 3 g de matières grasses (1,1 g de gras saturés, 81,5 mg de cholestérol); 438 mg de sodium

Sole farcie aux épinards

La préparation prend moins d'une heure. Le nombre de roulés dépend de la taille des filets, mais on en obtient habituellement 6 plus gros ou 9 plus petits. Pour 6 personnes. Photo à la page 125.

Cœurs et feuilles de céleri, coupés en dés fin	**¹/₄ tasse**	**60 mL**
Oignon, coupé en petits dés	**¹/₄ tasse**	**60 mL**
Huile d'olive	**1 c. à thé**	**5 mL**
Épinards frais, hachés, tassés	**1 tasse**	**250 mL**
Fromage à la crème tartinable léger	**¹/₄ tasse**	**60 mL**
Chapelure fine	**¹/₂ tasse**	**125 mL**
Produit de parmesan léger râpé	**2 c. à soupe**	**30 mL**
Poivre au citron	**¹/₈ c. à thé**	**0,5 mL**
Vin blanc	**1 c. à soupe**	**15 mL**
Filets de sole frais	**1 lb**	**454 g**
SAUCE		
Fromage à la crème tartinable léger	**¹/₄ tasse**	**60 mL**
Lait écrémé évaporé	**¹/₄ tasse**	**60 mL**
Vin blanc	**1 c. à soupe**	**15 mL**
Fromage de yogourt, page 67	**¹/₂ tasse**	**125 mL**
Paprika, pour garnir		
Ciboulette fraîche, hachée, pour garnir		

Faire revenir le céleri et l'oignon dans l'huile d'olive dans une poêle à revêtement anti-adhésif jusqu'à ce que l'oignon soit tendre et transparent. Incorporer les épinards. Faire revenir 2 minutes, jusqu'à ce que les épinards soient mous. Retirer du feu. Incorporer le fromage à la crème et remuer jusqu'à ce qu'il fonde. Ajouter la chapelure, le parmesan et le poivre au citron. Incorporer le vin. La farce devrait garder sa forme quand on la serre dans le poing. Rajouter un peu de vin au besoin. ■ Étaler la farce sur les filets. Rouler ceux-ci et les fixer avec un cure-dents en bois. Poser les filets, avec les cure-dents en dessous, dans une cocotte de 1,5 L (1¹/₂ pte) légèrement graissée. Couvrir. Cuire au four à 350 °F (175 °C) pendant 15 à 20 minutes, jusqu'à ce que le poisson s'effeuille facilement. Surveiller attentivement la cuisson parce que les roulés craquent s'ils cuisent trop longtemps. ■ **Sauce :** Combiner le fromage à la crème, le lait évaporé et le vin dans une petite casserole. Chauffer en remuant sans arrêt pour faire fondre le fromage à la crème. Laisser mijoter jusqu'à ce qu'il ne reste plus de grumeaux. Retirer du feu. Incorporer le fromage de yogourt. Donne 175 mL (³/₄ tasse) de sauce. ■ Poser les roulés de poisson dans un long plat et les napper de sauce. Saupoudrer de paprika et garnir de ciboulette.

Information nutritionnelle

1 portion avec 20 mL (4 c. à thé) de sauce : 203 calories; 22 g de protéines; 6 g de matières grasses (2,6 g de gras saturés, 49 mg de cholestérol); 426 mg de sodium

Poisson à l'ananas

Il n'est pas évident d'envelopper et d'attacher les épinards, mais la préparation ne prend que 15 minutes. On prépare la sauce pendant que le poisson cuit. Pour 8 personnes. Photo à la page 144.

Feuilles d'épinards, légèrement cuites à la vapeur, environ (voir remarque)	32	32
Darnes de poisson frais et ferme (flétan par exemple) de 2,5 à 3 cm (1 à 1¹/₄ po) d'épaisseur (environ 900 g, 2 lb)	8	8
Huile d'olive	2 c. à thé	10 mL
Sel, une pincée		
Poivre, une pincée		
Échalote, hachée fin	1	1
Jus de lime, frais ou en bouteille	2 c. à soupe	30 mL
Tequila	¹/₃ tasse	75 mL
Jus d'ananas	1 tasse	250 mL
Bâtonnets d'ananas (frais ou en conserve), pour garnir		

Plier les feuilles d'épinards ramollies sur la longueur en lanières de 2,5 à 3 cm (1 à 1¹/₄ po) de largeur puis presser environ 4 feuilles pliées autour de la partie épaisse de chaque darne de poisson. Attacher avec de la ficelle. ■ Chauffer l'huile d'olive dans une grande poêle à revêtement anti-adhésif. Saisir les darnes de poisson 2 minutes de chaque côté, jusqu'à ce qu'elles soient dorées, mais non complètement cuites. Saler et poivrer de chaque côté. Poser le poisson dans un plat et finir la cuisson au four à 300 °F (150 °C) pendant 15 minutes. Préparer la sauce en attendant. ■ Dans la même poêle, faire sauter l'échalote dans l'huile et le jus de cuisson du poisson jusqu'à ce qu'elle soit molle et dorée. Ajouter le jus de lime et la tequila. Passer une allumette dans la poêle pour brûler l'alcool. Ajouter le jus d'ananas. Laisser bouillir 5 à 6 minutes pour réduire environ de moitié. ■ Sortir le poisson du four. Ôter la ficelle. Arroser de sauce et décorer avec les bâtonnets d'ananas.

Remarque : Pour cuire les feuilles d'épinards, les mettre dans un petit bol. Ajouter 30 mL (2 c. à soupe) d'eau. Couvrir avec une pellicule plastique et cuire au micro-ondes, à puissance maximale (100 %), pendant 1¹/₂ minute.

Information nutritionnelle

1 portion avec 20 mL (4 c. à thé) de sauce : 159 calories; 24 g de protéines; 3,8 g de matières grasses (0,5 g de gras saturés, 36 mg de cholestérol); 77 mg de sodium

Poisson pané en sauce surette

Le temps de cuisson varie selon l'épaisseur des filets. Pour 4 personnes.

SAUCE SURETTE

Abricots en conserve, égouttés	**14 oz**	**398 mL**
Moutarde de Dijon	**2 c. à thé**	**10 mL**
Cassonade, tassée	**2 c. à soupe**	**30 mL**
Jus de lime, frais ou en bouteille	**2 c. à soupe**	**30 mL**
Sel	**¹/₈ c. à thé**	**0,5 mL**
Piments rouges du Chili broyés	**¹/₈ c. à thé**	**0,5 mL**
Amandes, hachées fin	**2 c. à soupe**	**30 mL**
Noix de coco, râpée fin	**1 c. à soupe**	**15 mL**
Sel	**¹/₄ c. à thé**	**1 mL**
Poivre, une pincée		
Blanc d'un gros œuf, à la température de la pièce	**1**	**1**
Filets de morue, de vivaneau, d'hoplostète ou de flétan	**4 × 5 oz**	**4 × 140 g**

Sauce surette : Mettre les 6 ingrédients de la sauce dans un mélangeur ou un robot culinaire. Réduire en purée. Verser le tout dans une petite casserole. Porter à ébullition. Réduire le feu et laisser mijoter à découvert pendant 3 à 4 minutes. Garder au chaud. Donne 250 mL (1 tasse) de sauce. ■ Combiner les amandes, la noix de coco, le sel et le poivre dans un petit bol. Dans un autre bol, battre le blanc d'œuf jusqu'à obtenir des pics fermes. Incorporer le mélange d'amandes au blanc d'œuf en pliant. ■ Essuyer aussi bien que possible chaque filet avec un essuie-tout. Répartir le mélange d'œuf également sur les filets et poser ceux-ci sur une plaque à pâtisserie légèrement graissée. Cuire sur la grille inférieure du four à 400 °F (205 °C) pendant 5 minutes. Poser la plaque sur la grille centrale du four et griller pendant 3 minutes, jusqu'à ce que le poisson s'effeuille facilement et que la garniture soit dorée et croustillante. Arroser d'un filet de sauce ou présenter les filets posés dans la sauce.

Information nutritionnelle

1 portion avec 60 mL (¹/₄ tasse) de sauce : 210 calories; 28 g de protéines; 4,3 g de matières grasses (1,2 g de gras saturés, 60,2 mg de cholestérol); 393 mg de sodium

Poisson en parchemin

La préparation prend environ 30 minutes, mais elle est simple et amusante. Le résultat est très impressionnant. Pour 4 personnes. Photo à la page 89.

Pommes de terre nouvelles rouges, coupées en dés de 12 mm (¹/₂ po)	**2**	**2**
Eau bouillante, pour couvrir		
Sel (facultatif)	**1 c. à thé**	**5 mL**

(Suite...)

Filets de morue sans arêtes	4 × 5 oz	4 × 140 g
Poivre au citron	½ c. à thé	2 mL
Sel	1 c. à thé	5 mL
Gros oignon rouge, coupé en dés	1	1
Gros poivron rouge ou jaune, coupé en dés	1	1
Tomates moyennes, épépinées et coupées en dés de 2,5 cm (1 po)	2	2
Origan frais, haché	2½ c. à soupe	37 mL
Huile d'olive (ou aérosol pour la cuisson)	1 c. à thé	5 mL
Feta, émietté (facultatif)	¼ tasse	60 mL

Faire bouillir les pommes de terre dans l'eau et le sel pendant 2 minutes. Égoutter et laisser refroidir quelques instants. ■ 1. Plier 4 feuilles de papier sulfurisé (25 × 32 cm, 10 × 13 po) en deux sur la longueur. Ouvrir les feuilles. Poser 1 filet de morue sur la moitié inférieure de chaque feuille, en laissant une marge de 2,5 cm (1 po) sur les côtés et au bas. Assaisonner les filets avec le poivre au citron et le sel. Dresser environ le ¼ des pommes de terre, de l'oignon, du poivron et des tomates sur chaque filet. Saupoudrer environ 10 mL (2 c. à thé) d'origan sur chacun. Huiler légèrement les légumes. 2. Replier la moitié supérieure du papier sur le poisson et les légumes, de sorte que les deux bords de la feuille se rejoignent en dessous du poisson. Replier le bord inférieur à plusieurs reprises pour le sceller. 3. Plier et 4. tourner les côtés à plusieurs reprises, en éventail, pour enfermer le poisson et les légumes. ■ Poser les paquets ainsi formés sur 2 grandes plaques à pâtisserie non graissées. Cuire au four à 450 °F (230 °C) pendant 13 à 15 minutes, jusqu'à ce que les paquets soient gonflés et dorés. Avec des ciseaux, tailler un «X» dans le dessus de chaque paquet et rabattre les pointes. ■ Garnir de feta.

Information nutritionnelle

1 portion : 215 calories; 27 g de protéines; 2,5 g de matières grasses (0,4 g de gras saturés, 60,2 mg de cholestérol); 764 mg de sodium

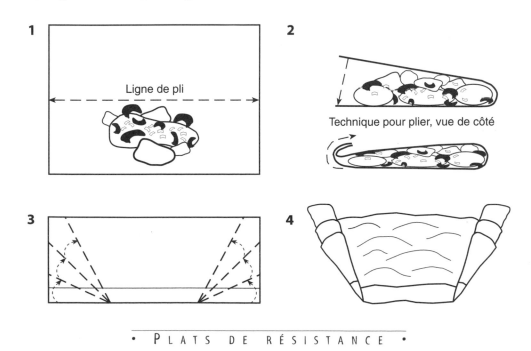

1 Ligne de pli

2 Technique pour plier, vue de côté

3

4

Pain de viande moderne

Un pain de viande digne de l'époque! Il est bas en gras et se prépare vite. Pour 8 personnes.

Bœuf haché très maigre	³/₄ **lb**	**340 g**
Poulet ou dinde haché, maigre	³/₄ **lb**	**340 g**
Chapelure fine	¹/₂ **tasse**	**125 mL**
Blanc d'un gros œuf	**1**	**1**
Carotte moyenne, coupée en gros morceaux de 2,5 cm (1 po)	**1**	**1**
Petit oignon, coupé en gros morceaux	**1**	**1**
Ketchup	¹/₄ **tasse**	**60 mL**
Gousse d'ail	**1**	**1**
Sauce Worcestershire	**1 c. à thé**	**5 mL**
Graines de céleri	¹/₄ **c. à thé**	**1 mL**
Sel	**1 c. à thé**	**5 mL**
Poivre	¹/₈ **c. à thé**	**0,5 mL**

Combiner le bœuf et le poulet haché avec la chapelure dans un grand bol. ■ Mettre les 9 derniers ingrédients dans le mélangeur. Mélanger jusqu'à ce que les carottes soient hachées très fin. Ajouter le mélange de bœuf. Bien combiner le tout. Façonner un pain d'environ 10 × 25 cm (4 × 10 po) et le poser dans un plat de 22 × 33 cm (9 × 13 po) légèrement graissé. Couvrir de papier d'aluminium . Cuire au four à 350 °F (175 °C) pendant 1 heure. Découvrir et poursuivre la cuisson pendant 15 à 30 minutes, jusqu'à ce que le pain de viande ne soit plus rose au centre.

Information nutritionnelle

1 portion : 196 calories; 21 g de protéines; 7,7 g de matières grasses (2,8 de gras saturés, 56,7 mg de cholestérol); 579 mg de sodium

Bifteck de flanc roulé à l'ail

Un plat fort joli, servi tranché sur un lit de riz. Pour 6 personnes.

Bifteck de flanc, dégraissé	1¹/₂ **lb**	**680 g**
Petit oignon, haché	**1**	**1**
Gousses d'ail, émincées	**4**	**4**
Huile d'olive	**2 c. à thé**	**10 mL**
Feuilles de thym frais	**1 c. à soupe**	**15 mL**
Basilic frais, haché	¹/₄ **tasse**	**60 mL**
Persil frais, haché	¹/₄ **tasse**	**60 mL**
Paprika	¹/₂ **c. à thé**	**2 mL**
Sel	¹/₄ **c. à thé**	**1 mL**
Poivre frais moulu	¹/₄ **c. à thé**	**1 mL**
Eau	**2 c. à soupe**	**30 mL**

(Suite...)

Aplatir le bifteck à 8 mm ($^3/_8$ po) d'épaisseur avec un maillet ou un rouleau à pâtisserie. ■ Faire revenir l'oignon et l'ail dans l'huile dans une poêle à revêtement anti-adhésif jusqu'à ce qu'ils soient dorés et très mous. Mettre le tout dans un mélangeur ou un robot culinaire. Ajouter le thym, le basilic, le persil, le paprika, le sel, le poivre et l'eau. Mélanger jusqu'à obtenir une pâte avec des morceaux d'oignon. Étaler cette pâte sur le bifteck. Enrouler celui-ci bien serré. Attacher avec de la ficelle à intervalles de 5 cm (2 po).

Cuisson au barbecue : Cuire au barbecue à feu moyen indirect pendant 1 heure.

Cuisson au four : Griller au four sur une grille, à 10 cm (4 po) de l'élément chauffant. Retourner souvent pour dorer tous les côtés. Poser dans un petit plat à rôtir. Rôtir sous couvert à 300 °F (150 °C) pendant 30 minutes.

Information nutritionnelle

1 portion : 201 calories; 25 g de protéines; 9,2 g de matières grasses (3,7 g de gras saturés, 46,1 mg de cholestérol); 186 mg de sodium

Filet de porc aux canneberges

La présentation est simple, mais élégante. La préparation se fait en quelques minutes. Pour 6 personnes.

Filet de porc	**1$^1/_2$ lb**	**680 g**
Sauce aux canneberges entières	**14 oz**	**398 mL**
Poudre d'oignon	**$^1/_2$ c. à thé**	**2 mL**
Zeste d'orange, râpé	**$^1/_2$ c. à thé**	**2 mL**
Muscade moulue, une petite pincée		

Préparer le filet en «papillon» en l'incisant de bout en bout sur la longueur, mais sans le trancher complètement. Ouvrir le filet et le poser sur une plaque à pâtisserie légèrement graissée et munie de côtés. ■ Combiner les 4 derniers ingrédients dans un petit bol. Bien mélanger. Dresser le mélange sur le porc. Cuire au four à découvert à 400 °F (205 °C) pendant 30 minutes, jusqu'à ce que le porc soit complètement cuit.

Information nutritionnelle

1 portion : 245 calories; 24 g de protéines; 2,9 g de matières grasses (1 g de gras saturés, 63,9 mg de cholestérol); 78 mg de sodium

Polenta aux légumes

Dans ce plat genre lasagne, la polenta remplace les pâtes. Pour 8 personnes. Photo à la page 36.

Eau	6 tasses	1,5 L
Sel	1 1/2 c. à thé	7 mL
Semoule de maïs	1 1/2 tasse	375 mL
Huile d'olive	1/2 c. à thé	2 mL
Oignon haché	1 tasse	250 mL
Gousses d'ail, écrasées	2	2
Champignons frais, tranchés	2 tasses	500 mL
Courgettes, non pelées, coupées en 4 sections sur la longueur et tranchées en morceaux de 12 mm (1/2 po) d'épaisseur	3 tasses	750 mL
Tomates étuvées, en conserve, non égouttées, hachées	28 oz	796 mL
Basilic frais, haché	1/4 tasse	60 mL
Sucre granulé	1 c. à thé	5 mL
Sauce piquante aux piments	1/8 c. à thé	0,5 mL
Tranches de produit de mozzarella fondu 1 % de matières grasses	6	6
Mozzarella partiellement écrémé, râpé	1/2 tasse	125 mL
Parmesan frais, râpé	1 c. à soupe	15 mL

Porter à ébullition l'eau et le sel dans une grande casserole. Réduire le feu. Ajouter lentement la semoule de maïs, en remuant sans arrêt au fouet environ 20 minutes jusqu'à ce que le mélange soit très épais et se décolle des côtés de la casserole. Graisser légèrement une feuille de papier ciré de 62 cm (25 po) de long. Étaler la polenta en un rectangle de 20 × 60 cm (8 × 24 po). Laisser refroidir et prendre. ■ Chauffer l'huile d'olive dans une grande poêle à revêtement anti-adhésif. Faire revenir l'oignon, l'ail et les champignons pendant 5 minutes. Incorporer les courgettes. Faire revenir pendant 5 minutes, jusqu'à ce que les courgettes commencent à mollir. Ajouter les tomates, le basilic, le sucre et la sauce aux piments. Porter à grande ébullition, puis laisser mijoter à découvert pendant 10 minutes jusqu'à ce que la préparation épaississe et réduise légèrement. Couper la polenta refroidie en deux sur la largeur.
■ Assembler dans l'ordre suivant, dans un plat de 20 × 30 cm (8 × 12 po) graissé :

1. la 1/2 de la sauce aux légumes,
2. la 1/2 de la polenta,
3. toutes les tranches de mozzarella,
4. le reste de la sauce aux légumes.
5. l'autre 1/2 de la polenta,
6. tout le mozzarella râpé,
7. tout le parmesan.

Cuire au four à 350 °F (175 °C) pendant 15 minutes ou jusqu'à ce que le plat soit très chaud et que le fromage ait fondu.

Information nutritionnelle

1 portion : 202 calories; 11 g de protéines; 2,8 g de matières grasses (1,1 g de gras saturés, 8,1 mg de cholestérol); 1 041 mg de sodium

Muffins et brioches

uoi de plus parfait à servir au brunch ou au café que des muffins et des brioches. Pourquoi choisir des produits à forte teneur en gras quand on a au bout des doigts une si belle collection de recettes faibles en gras? Dans chacune des recettes qui suit, la quantité de gras est réduite au minimum tout en conservant la texture moelleuse et le goût délicieux.

Muffins aux pêches et aux noix

Les quelques noix ajoutent plein de goût. On trouve des pêches à chaque bouchée. Donne 12 muffins. Photo à la page 107.

Farine tout usage	1¹/₄ tasse	300 mL
Farine de blé entier	1 tasse	250 mL
Cassonade, tassée	²/₃ tasse	150 mL
Poudre à pâte	1 c. à soupe	15 mL
Sel	¹/₄ c. à thé	1 mL
Pêches en conserve, non égouttées, réduites en purée au mélangeur	14 oz	398 mL
Gros blanc d'œuf, battu à la fourchette	1	1
Vanille	¹/₂ c. à thé	2 mL
Pêches déshydratées, hachées	¹/₂ tasse	125 mL
Gros œuf	1	1
Huile de canola	2 c. à soupe	30 mL
Pacanes, hachées fin	1 c. à soupe	15 mL
Noix de coco en flocons	1 c. à soupe	15 mL

Combiner les 5 premiers ingrédients dans un grand bol. Creuser un puits au centre.
■ Combiner les 6 prochains ingrédients dans un bol moyen. Verser le tout dans le puits. Remuer juste assez pour humecter les ingrédients secs. Verser la pâte dans les 12 cavités d'une plaque à muffins légèrement graissée. ■ Combiner les pacanes et la noix de coco dans une petite tasse. En déposer un peu sur la pâte, dans chaque cavité. Cuire au four à 350 °F (175 °C) pendant 20 minutes, jusqu'à ce qu'un cure-dents en bois inséré au centre d'un muffin ressorte propre. Laisser reposer 5 minutes. Démouler sur une grille et laisser refroidir.

Information nutritionnelle

1 muffin : 204 calories; 4 g de protéines; 3,8 g de matières grasses (0,7 g de gras saturés, 18 mg de cholestérol); 77 mg de sodium

Muffins aux pommes et au son

Grâce à la compote et au babeurre, ces muffins sont moelleux sans être gras. Donne 12 muffins. Photo à la page 107.

Farine tout usage	**1 tasse**	**250 mL**
Farine de blé entier	**1 tasse**	**250 mL**
Son naturel	**1 tasse**	**250 mL**
Cassonade, tassée	**¹/₃ tasse**	**75 mL**
Poudre à pâte	**1 c. à soupe**	**15 mL**
Sel	**¹/₂ c. à thé**	**2 mL**
Compote de pommes	**1 tasse**	**250 mL**
Huile de canola	**2 c. à soupe**	**30 mL**
Gros œuf	**1**	**1**
Babeurre 1 % de matières grasses	**¹/₂ tasse**	**125 mL**
Vanille	**1 c. à thé**	**5 mL**
Essence d'érable	**¹/₂ c. à thé**	**2 mL**
Dattes, hachées fin	**¹/₄ tasse**	**60 mL**

Combiner les 6 premiers ingrédients à la cuillère dans un grand bol. Creuser un puits au centre. ■ Combiner au fouet la compote, l'huile, l'œuf, le babeurre, la vanille et l'essence d'érable dans un petit bol. Incorporer les dattes. Verser le tout dans le puits. Remuer juste assez pour humecter les ingrédients secs. Verser la pâte dans les 12 cavités d'une plaque à muffins légèrement graissée. Cuire au four à 375 °F (190 °C) pendant 20 minutes, jusqu'à ce qu'un cure-dents en bois inséré au centre d'un muffin ressorte propre. Laisser reposer 5 minutes. Démouler sur une grille et laisser refroidir.

Information nutritionnelle

1 muffin : 163 calories; 4 g de protéines; 3,4 g de matières grasses (0,4 g de gras saturés, 18,3 mg de cholestérol); 137 mg de sodium

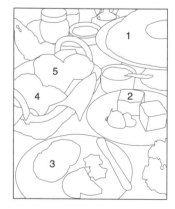

Pain au maïs du matin

On peut combiner les couleurs et saveurs de confiture. Couper en 12 morceaux. Photo à la page 107.

Semoule de maïs	**1¹/₂ tasse**	**375 mL**
Farine tout usage	**1¹/₂ tasse**	**375 mL**
Sucre granulé	**²/₃ tasse**	**150 mL**
Poudre à pâte	**4 c. à thé**	**20 mL**
Bicarbonate de soude	**¹/₂ c. à thé**	**2 mL**
Sel	**¹/₂ c. à thé**	**2 mL**
Gros œuf, battu à la fourchette	**1**	**1**
Blanc d'un gros œuf, battu à la fourchette	**1**	**1**
Babeurre 1 % de matières grasses	**1¹/₂ tasse**	**375 mL**
Margarine dure, fondue	**¹/₄ tasse**	**60 mL**
Confiture aux framboises épaisse, ou autre fruit, au goût	**¹/₄ tasse**	**60 mL**

Combiner les 6 premiers ingrédients dans un bol moyen. Creuser un puits au centre.
■ Combiner l'œuf et le blanc d'œuf dans un petit bol. Ajouter le babeurre et la margarine.
Verser le tout dans le puits. Remuer juste assez pour humecter la farine. Verser la pâte dans
un moule de 22 × 33 cm (9 × 13 po) légèrement graissé. ■ Dresser la confiture sur la pâte en
3 rangées de 4 cuillerées de 5 mL (1 c. à thé). Enfoncer légèrement la confiture dans la pâte.
Cuire au four à 375 °F (175 °C) pendant 35 minutes, jusqu'à ce qu'un cure-dents en bois
enfoncé au centre du pain ressorte propre.

Information nutritionnelle

1 morceau : 247 calories; 5 g de protéines; 4,9 g de matières grasses (1,2 g de gras saturés,
19,1 mg de cholestérol); 265 mg de sodium

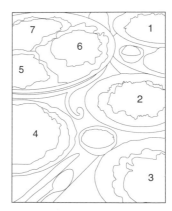

1. Linguini aux palourdes, page 112
2. Pâtes aux pois chiches et aux tomates, page 114
3. Dijonnaise crémeuse aux épinards, page 134
4. Poulet angélique, page 115
5. Sauce aux shiitakes et au vin, page 135
6. Sauce aux haricots noirs et aux légumes, page 134
7. Sauce aux poivrons grillés, page 133

Muffins à l'avoine et à l'orange

La farine de blé entier donne un muffin plus nourrissant, mais plus lourd. Ils sont meilleurs servis tièdes.
Donne 12 muffins. Photo à la page 107.

Flocons d'avoine à cuisson rapide (pas instantanés)	**1 tasse**	**250 mL**
Farine de blé entier	**1¹/₂ tasse**	**375 mL**
Sucre granulé	**¹/₃ tasse**	**75 mL**
Poudre à pâte	**1 c. à thé**	**5 mL**
Bicarbonate de soude	**1 c. à thé**	**5 mL**
Sel	**¹/₄ c. à thé**	**1 mL**
Zeste d'orange, râpé	**2 c. à thé**	**10 mL**
Babeurre 1 % de matières grasses	**1 tasse**	**250 mL**
Huile de canola	**2 c. à soupe**	**30 mL**
Gros œuf, battu à la fourchette	**1**	**1**
GARNITURE		
Flocons d'avoine à cuisson rapide (pas instantanés)	**1 c. à soupe**	**15 mL**
Sucre granulé	**1 c. à soupe**	**15 mL**
Zeste d'orange, râpé	**¹/₂ c. à thé**	**2 mL**

Combiner les 7 premiers ingrédients dans un grand bol. Remuer. Creuser un puits au centre.
■ Combiner le babeurre, l'huile et l'œuf dans un petit bol. Verser le tout dans le puits. Remuer juste assez pour humecter les ingrédients secs. Verser la pâte dans les 12 cavités d'une plaque à muffins légèrement graissée. ■ **Garniture :** Combiner les 3 ingrédients, puis répartir le tout sur la pâte. Cuire au four à 350 °F (175 °C) pendant 15 minutes, jusqu'à ce qu'un cure-dents en bois inséré au centre d'un muffin ressorte propre. Laisser reposer 5 minutes. Démouler sur une grille et laisser refroidir.

Information nutritionnelle

1 muffin : 145 calories; 5 g de protéines; 3,7 g de matières grasses (0,6 g de gras saturés,
18,7 mg de cholestérol); 201 mg de sodium

• •

Il ne faut pas cuire trop longtemps les produits de boulangerie bas en gras. Aussi, on doit réduire la température du four de 25 °F (4 °C) pour éviter de les dessécher. Il est bon de vérifier la cuisson un peu avant le temps donné dans les recettes.

Brioche à l'orange

Le ricotta humecte cette brioche. Ricotta signifie «recuit». Le fromage est ainsi désigné parce qu'on le prépare en chauffant le petit lait d'un autre fromage cuit. Cette tresse est bien dorée. Se coupe en 16 morceaux. Photo à la page 107.

Farine tout usage	**2 tasses**	**500 mL**
Sachet de levure instantanée (15 mL, 1 c. à soupe, de levure en vrac)	**1 × ¹/₄ oz**	**1 × 8 g**
Jus d'orange, frais ou à base de concentré	**³/₄ tasse**	**175 mL**
Lait écrémé	**³/₄ tasse**	**175 mL**
Sucre granulé	**¹/₂ tasse**	**125 mL**
Gros œuf, battu à la fourchette	**1**	**1**
Ricotta partiellement écrémé	**¹/₂ tasse**	**125 mL**
Zeste d'orange, râpé	**1 c. à soupe**	**15 mL**
Farine tout usage	**2 tasses**	**500 mL**
Huile de canola (ou aérosol pour la cuisson)	**¹/₂ c. à thé**	**2 mL**
GLAÇAGE À L'ORANGE		
Sucre à glacer	**1 tasse**	**250 mL**
Jus d'orange, frais ou à base de concentré	**2 c. à soupe**	**30 mL**

Combiner la première quantité de farine et la levure dans un bol moyen. ■ Combiner le jus d'orange, le lait écrémé et le sucre dans une petite casserole. Chauffer jusqu'à ce que le sucre soit dissous. Verser le tout dans un grand bol. Ajouter le mélange de farine. Travailler au fouet jusqu'à ce qu'il ne reste plus de grumeaux. ■ Combiner l'œuf, le ricotta et le zeste d'orange dans un petit bol. Ajouter ce mélange à celui de jus d'orange. Bien mélanger.

■ Ajouter peu à peu la seconde quantité de farine jusqu'à ce que la pâte puisse être pétrie. Pétrir 5 à 10 minutes sur une surface farinée, en rajoutant de la farine au besoin, pour que la pâte ne colle pas. La mettre dans un grand bol. Huiler la pâte (avec un aérosol pour la cuisson). Couvrir avec un torchon propre et humide. Laisser gonfler au chaud pendant 45 minutes, jusqu'à ce que la pâte ait doublé de volume. Dégonfler la pâte en y enfonçant le poing. La diviser également en 3. Avec chaque morceau de pâte, façonner un cordon de 45 à 50 cm (18 à 20 po) de long. Tresser ensemble les 3 cordons, sur une plaque à pâtisserie légèrement graissée, et pincer les bouts pour les joindre. Couvrir avec un torchon. Laisser la pâte lever 30 minutes jusqu'à ce qu'elle ait doublé de volume. Cuire au four à 375 °F (190 °C) pendant 25 minutes. Couvrir avec un papier d'aluminium si le dessus brunit trop. Démouler sur une grille et laisser refroidir ■ **Glaçage à l'orange :** Combiner le sucre à glacer et le jus d'orange dans un petit bol. Bien remuer. Arroser la brioche tiède d'un filet de glaçage.

Information nutritionnelle

1 morceau : 205 calories; 5 g de protéines; 1,5 g de matières grasses (0,6 g de gras saturés, 16,2 mg de cholestérol); 22 mg de sodium

Pâtes

Le plus souvent, les pâtes sont à base de farine de blé dur et d'un liquide comme de l'eau ou du lait. Certaines pâtes contiennent également des œufs et sont donc plus riches. Lorsque les pâtes sont uniquement à base de farine et d'œufs, on les appelle généralement «nouilles». Quoique les pâtes contiennent en elles-mêmes peu de gras, on ne peut pas toujours en dire autant des sauces. Avec les recettes qui suivent, on peut avoir l'esprit tranquille en sachant que l'on sert des plats délicieux et faibles en gras que tous peuvent déguster. Il suffit d'y ajouter une salade et un petit pain pour que le repas soit complet.

Linguine aux palourdes

Pour réchauffer les restes, il suffit d'y ajouter un peu d'eau ou de lait. Pour 8 à 10 personnes. Photo à la page 108.

SAUCE AUX PALOURDES		
Huile d'olive	2 c. à thé	10 mL
Gousses d'ail, émincées	2	2
Oignons verts, tranchés	4	4
Champignons frais, tranchés	2 tasses	500 mL
Petites palourdes, en conserve, égouttées, réserver l'eau et les palourdes	2 × 5 oz	2 × 142 g
Vin blanc	1/2 tasse	125 mL
Basilic déshydraté	2 c. à thé	10 mL
Persil en flocons déshydraté	1 c. à soupe	15 mL
Fromage à la crème tartinable léger	8 oz	225 g
Palourdes réservées		
Linguine, non cuits	10 oz	300 g
Parmesan frais, râpé (facultatif)		

Sauce aux palourdes : Chauffer l'huile dans un grand wok à revêtement anti-adhésif ou une poêle. Faire revenir l'ail, les oignons verts et les champignons jusqu'à ce qu'ils soient mous. Ajouter l'eau des palourdes, le vin blanc, le basilic et le persil. Couvrir. Laisser mijoter pendant 5 minutes. ■ Ajouter le fromage à la crème, en remuant sans arrêt. Ajouter les palourdes. garder la sauce au chaud. ■ Cuire les linguine en suivant les directives données sur l'emballage. Égoutter. Mêler à la sauce tiède. ■ Saupoudrer de parmesan, au goût. Servir sur-le-champ.

Information nutritionnelle

1/8 de la recette : 247 calories; 16 g de protéines; 2,6 g de matières grasses (0,3 g de gras saturés, 23,8 mg de cholestérol); 45 mg de sodium

Escalopes de dinde farcies

Quelle merveilleuse surprise que cette farce! Il y a une différence de goût (et de coût) considérable entre le prosciutto et le jambon. C'est selon les préférences personnelles. Donne 8 escalopes farcies.

Prosciutto ou jambon cuit maigre, haché	4 oz	113 g
Mozzarella partiellement écrémé, râpé	1/2 tasse	125 g
Gousse d'ail, émincée	1	1
Persil frais, haché	1 c. à soupe	15 mL
Basilic frais, haché	1 c. à soupe	15 mL
Escalopes de dinde minces	1 lb	454 g
Tomates italiennes, en conserve, non égouttées	28 oz	796 mL
Sucre granulé	1 c. à thé	5 mL
Basilic déshydraté	1 c. à thé	5 mL
Origan déshydraté	1/2 c. à thé	2 mL
Poivre	1/4 c. à thé	1 mL
Fécule de maïs	1 c. à soupe	15 mL
Eau	1 c. à soupe	15 mL
Spaghetti	8 oz	225 g
Eau bouillante	8 tasses	2 L
Sel (facultatif)	1 c. à thé	5 mL

Combiner le prosciutto, le fromage, l'ail, le persil et le basilic dans un petit bol. ■ Abaisser les escalopes à 6 mm (1/4 po) d'épaisseur avec le côté plat d'un maillet. Diviser en 8 pièces de la taille d'une portion. Dresser environ 50 mL (3 c. à soupe) du mélange de prosciutto au bout étroit des escalopes. Enrouler les escalopes, en repliant le bord. Fermer avec des cure-dents en bois ou ficeler. Graisser légèrement une grande poêle à revêtement anti-adhésif. Y faire dorer les escalopes sur tous les côtés. ■ Hacher grossièrement les tomates et les ajouter, avec leur eau, au contenu de la poêle. Ajouter le sucre, le basilic, l'origan et le poivre. Couvrir. Laisser mijoter pendant 30 minutes. Mettre les escalopes dans un plat. Garder au chaud. ■ Délayer la fécule de maïs dans l'eau dans une petite tasse. Incorporer en remuant à la sauce tomate pour l'épaissir légèrement. Donne 750 mL (3 tasses) de sauce. ■ Cuire les pâtes dans l'eau bouillante additionnée du sel dans un faitout jusqu'à ce qu'elles soient tendres, mais encore fermes, environ 7 à 9 minutes. Les égoutter, les rincer, puis les égoutter de nouveau. Mettre les pâtes dans un grand bol à pâtes. Les napper de sauce et remuer un peu. Servir avec les escalopes.

Information nutritionnelle

1 portion : 259 calories; 24 g de protéines; 5,6 g de matières grasses (2,5 g de gras saturés, 52,9 mg de cholestérol); 484 mg de sodium

Pâtes aux tomates fraîches

En italien, radiatore signifie «petits radiateurs». Ce sont des petites pâtes compactes dont les bords sont ondulés, un peu comme un radiateur. Donne 2,25 L (9 tasses).

Huile d'olive	2 c. à thé	10 mL
Gousses d'ail, écrasées	3	3
Gros oignon, haché fin	1	1
Grosses tomates italiennes, hachées fin	6	6
Radiatore	5 tasses	1,25 L
Sauce tomate	7$\frac{1}{2}$ oz	213 mL
Basilic frais, haché	$\frac{1}{4}$ tasse	60 mL
Sucre granulé	1 c. à soupe	15 mL
Parmesan frais, râpé (facultatif)		

Réchauffer l'huile à feu moyen dans une grande casserole. Faire revenir l'ail et l'oignon pendant 4 minutes. ■ Ajouter les tomates. Faire revenir pendant 8 minutes, jusqu'à ce que l'oignon et les tomates soient tendres. ■ Cuire les pâtes en suivant les directives données sur l'emballage. Égoutter. ■ Ajouter la sauce tomate, le basilic et le sucre au mélange d'oignon. Remuer. Laisser mijoter, à découvert, pour réchauffer le tout. Combiner la sauce et les pâtes. ■ Garnir de parmesan, au goût.

Information nutritionnelle

375 mL (1$\frac{1}{2}$ tasse) : 316 calories; 10 g de protéines; 3,1 g de matières grasses (0,4 g de gras saturés, 0 mg de cholestérol); 239 mg de sodium

Pâtes aux pois chiches et aux tomates

La préparation ne prend que 15 minutes. Le liquide des pois chiches ajoute beaucoup de goût, mais aussi de sel. Pour réduire la teneur en sel, omettre ce liquide et ajouter 75 mL (¹/₃ tasse) d'eau. Pour 4 à 6 personnes. Photo à la page 108.

Huile d'olive	1 c. à soupe	15 mL
Gousses d'ail, émincées	2	2
Petit oignon, émincé sur la hauteur	1	1
Tomates en dés, en conserve, non égouttées	28 oz	796 mL
Persil frais, haché fin	$\frac{1}{4}$ tasse	60 mL
Basilic déshydraté	1 c. à thé	5 mL
Origan déshydraté	$\frac{3}{4}$ c. à thé	4 mL
Sucre granulé	$\frac{1}{2}$ c. à thé	2 mL
Poivre frais, moulu	$\frac{1}{4}$ c. à thé	1 mL
Pois chiches, en conserve, non égouttés	19 oz	540 mL
Spirales, radiatore ou boucles	10 oz	280 mL
Parmesan frais, râpé	2 c. à soupe	30 mL

(Suite...)

Réchauffer l'huile dans une grande poêle à revêtement anti-adhésif. Faire revenir l'ail et l'oignon jusqu'à ce que l'oignon soit tout juste tendre. Incorporer les tomates, le persil, le basilic, l'origan, le sucre et le poivre. Porter à ébullition. Laisser mijoter, à découvert, pendant 15 minutes. ■ Incorporer les pois chiches. Laisser mijoter pendant 10 minutes, jusqu'à ce que la préparation épaississe. ■ Cuire les pâtes en suivant les directives données sur l'emballage. Égoutter. Combiner les pâtes et la sauce dans un grand plat. Garnir de parmesan.

Information nutritionnelle

$^1/_4$ de la recette : 542 calories; 20 g de protéines; 7,5 g de matières grasses (1,4 g de gras saturés, 2 mg de cholestérol); 794 mg de sodium

Poulet angélique

Cuire les pâtes pendant le second temps de cuisson des légumes. Pour 4 personnes. Photo à la page 108.

Tomates étuvées, en conserve, hachées	14 oz	398 mL
Gousse d'ail, écrasée	1	1
Courgettes, coupées en dés	2 tasses	500 mL
Poivron jaune, coupé en dés	1	1
Basilic déshydraté	2 c. à thé	10 mL
Sucre granulé	$^1/_4$ c. à thé	1 mL
Poitrines de poulet, coupées en deux, dépouillées et désossées	4	4
Mozzarella partiellement écrémé, râpé	1 tasse	250 mL
Cheveux d'ange ou cappellini	8 oz	225 g
Eau bouillante	8 tasses	2 L
Sel (facultatif)	1 c. à thé	5 mL
Parmesan frais, râpé	1 c. à soupe	15 mL

Mélanger les tomates et l'ail dans un petit bol. Verser le tout dans une cocotte de 2 L (2 pte) non graissée. Ajouter les courgettes, le poivron, le basilic et le sucre en couches sur le mélange de tomates. Mettre le poulet sur les légumes. Arroser le poulet d'un peu du mélange de tomates qui est au fond de la cocotte. Cuire au four à découvert à 350 °F (175 °C) pendant 1 heure. Répandre le fromage sur le dessus. Poursuivre la cuisson au four à découvert environ 10 minutes, le temps de faire fondre le fromage. Dégager soigneusement les poitrines de poulet et les mettre dans un plat. Mettre de côté. ■ Cuire les pâtes dans l'eau bouillante additionnée de l'huile et du sel, dans un faitout découvert, jusqu'à ce qu'elles soient tendres, mais encore fermes, environ 7 à 9 minutes. Les égoutter, les rincer puis les égoutter de nouveau. Mettre les pâtes dans un grand plat. Les napper du mélange de tomates et de légumes et remuer un peu. Poser le poulet sur les pâtes. ■ Garnir de parmesan au moment de servir.

Information nutritionnelle

1 portion : 468 calories; 44 g de protéines; 7,9 g de matières grasses (3,9 g de gras saturés, 87,1 mg de cholestérol); 522 mg de sodium

Lasagne végétarienne

Cette lasagne peut être prête en 45 minutes. Couper en 8 ou 10 morceaux.

Lasagnes	**9**	**9**
Tomates broyées, en conserve	**14 oz**	**398 mL**
Tomates coupées en dés, en conserve, non égouttées	**14 oz**	**398 mL**
Oignon moyen, haché fin	**1**	**1**
Champignons frais, tranchés	**2 tasses**	**500 mL**
Gousses d'ail, émincées	**2**	**2**
Origan déshydraté	**1 c. à thé**	**5 mL**
Sucre granulé	**¹/₂ c. à thé**	**2 mL**
Persil frais, haché	**¹/₄ tasse**	**60 mL**
Ricotta partiellement écrémé	**1 lb**	**475 g**
Carottes, râpées	**³/₄ tasse**	**175 mL**
Persil frais, haché	**¹/₄ tasse**	**60 mL**
Brocoli cuit, grossièrement haché	**4 tasses**	**1 L**
Parmesan frais, râpé	**2 c. à soupe**	**30 mL**
Blanc d'un gros œuf, battu à la fourchette	**1**	**1**
Sel	**1 c. à thé**	**5 mL**
Poivre	**¹/₄ c. à thé**	**1 mL**
Mozzarella partiellement écrémé, râpé	**1 tasse**	**250 mL**
Parmesan frais, râpé	**2 c. à soupe**	**30 mL**

Cuire les lasagnes en suivant les directives données sur l'emballage. Égoutter. Laisser refroidir dans l'eau froide. ■ Combiner les 8 prochains ingrédients dans une casserole moyenne. Porter à ébullition. Réduire le feu. Couvrir. Laisser mijoter pendant 10 minutes. Retirer du feu. ■ Combiner les 8 prochains ingrédients dans un bol moyen. Assembler la lasagne dans un plat de 22 × 33 cm (9 × 13 po) légèrement graissé, dans l'ordre suivant :

1. le ¹/₄ de la sauce tomate,
2. 3 lasagnes,
3. la ¹/₂ du mélange de fromage,
4. le ¹/₄ de la sauce tomate,
5. 3 lasagnes,
6. la ¹/₂ du mélange de fromage,
7. le ¹/₄ de la sauce tomate,
8. 3 lasagnes,
9. le ¹/₄ de la sauce tomate.

Couvrir avec un papier d'aluminium légèrement graissé. Cuire au four à 350 °F (175 °C) pendant 1 heure. Enlever le papier d'aluminium. ■ Répandre le mozzarella et la seconde quantité de parmesan sur la lasagne. Cuire au four à découvert pendant 15 minutes, le temps de faire fondre le fromage. Laisser reposer 15 minutes avant de couper.

Information nutritionnelle

¹/₈ de la recette : 280 calories; 19 g de protéines; 8,9 g de matières grasses (5,1 g de gras saturés, 29,1 mg de cholestérol); 733 mg de sodium

Pâtes avec légumes au citron

On peut employer n'importe quel mélange de légumes pour préparer ce plat rapide. On cuit les légumes à la vapeur en même temps que les pâtes. Pour 8 personnes.

Lait écrémé évaporé	1 tasse	250 mL
Fromage à la crème tartinable léger	8 oz	225 g
Fécule de maïs	2 c. à soupe	30 mL
Vin blanc	2 c. à soupe	30 mL
Spirales, radiatore ou boucles	3 tasses	750 mL
Eau bouillante	$2^{1}/_{2}$ pte	2,5 L
Sel (facultatif)	2 c. à thé	10 mL
Bouillon de poulet en cube à basse teneur en matières grasses	$^{1}/_{4} \times ^{1}/_{3}$ oz	$^{1}/_{4} \times$ 10,5 g
Eau bouillante	$^{1}/_{4}$ tasse	60 mL
Jus de citron frais	2 c. à soupe	30 mL
Bouquets de brocoli	1 tasse	250 mL
Asperges, tranchées en diagonale en longueurs de 2,5 cm (1 po)	1 tasse	250 mL
Pois en cosses frais	1 tasse	250 mL
Haricots verts frais, tranchés en diagonale en longueurs de 3,8 cm ($1^{1}/_{2}$ po)	1 tasse	250 mL
Zeste de citron, râpé	1 c. à soupe	15 mL
Parmesan frais, râpé (facultatif)	2 c. à soupe	30 mL
Poivre frais, moulu, une pincée		

Réchauffer le lait évaporé dans une casserole moyenne. Ajouter le fromage à la crème et remuer jusqu'à ce qu'il fonde. Délayer la fécule de maïs dans le vin dans une petite tasse et l'ajouter au mélange de fromage à la crème. Remuer jusqu'à ce que la sauce bouillonne et épaississe. ■ Cuire les pâtes dans l'eau bouillante additionnée du sel, dans un faitout découvert, jusqu'à ce qu'elles soient tendres, mais encore fermes, environ 8 à 10 minutes. Les égoutter, puis les rincer et les égoutter de nouveau. Remettre les pâtes dans le faitout et les garder au chaud. ■ Dissoudre le morceau de cube de bouillon dans l'eau bouillante dans une petite tasse. Verser le bouillon dans une grande poêle à revêtement anti-adhésif ou un wok. Ajouter le jus de citron. Porter à ébullition. ■ Ajouter les légumes. Laisser mijoter, sous couvert, pendant 6 minutes, en remuant une fois à mi-cuisson. Répandre le zeste de citron sur les légumes. ■ Combiner les pâtes, les légumes et la sauce. Garnir de parmesan et de poivre.

Information nutritionnelle

1 portion : 207 calories; 10 g de protéines; 0,8 g de matières grasses (0,2 g de gras saturés, 1,2 mg de cholestérol); 108 mg de sodium

Salades

Les salades sont un aspect délicieux d'une alimentation légère et saine, mais il faut se méfier des sauces car certaines contiennent beaucoup de gras. Les recettes de salades uniques qui suivent sont accompagnées d'une grande variété de sauces incomparables. Il suffit de quelques instants pour apprendre comment préparer ces sauces faibles en gras grâce à ces recettes simples et rapides.

Taboulé

Le boulghour est en fait les amandes du blé qui ont été cuites à la vapeur, séchées et broyées. Servir froid avec du pain tranché. Donne 1,1 L (4¹/₂ tasses) de taboulé. Photo à la page 144.

Boulghour	1 tasse	250 mL
Eau bouillante	1 tasse	250 mL
Tomates italiennes, coupées en dés	2	2
Oignon rouge, tranché fin	¹/₂ tasse	125 mL
Poivron jaune ou vert, épépiné et coupé en dés	¹/₂	¹/₂
Oignon vert, tranché fin	¹/₄ tasse	60 mL
Menthe fraîche, hachée	¹/₃ tasse	75 mL
Persil frais, haché	¹/₂ tasse	125 mL
VINAIGRETTE AU CITRON		
Jus de citron, frais ou en bouteille	¹/₄ tasse	60 mL
Gousse d'ail, émincée	1	1
Poivre au citron	¹/₂ c. à thé	2 mL
Huile d'olive	1 c. à soupe	15 mL
Jus de pomme	¹/₄ tasse	60 mL
Sel	¹/₄ c. à thé	1 mL

Mettre le boulghour dans un bol et le couvrir d'eau bouillante. Remuer. Laisser reposer ¹/₂ heure, jusqu'à ce que le boulghour ait absorbé l'eau. ■ Ajouter les 6 prochains ingrédients au boulghour. Bien mélanger. ■ **Vinaigrette au citron :** Combiner les 6 ingrédients dans un petit bol. Remuer. Ajouter au mélange de boulghour. Couvrir. Réfrigérer au moins 2 heures.

Information nutritionnelle

175 mL (³/₄ tasse) : 132 calories; 4 g de protéines; 2,8 g de matières grasses (0,4 g de gras saturés, 0 mg de cholestérol); 125 mg de sodium

Variante : Pour relever le goût, ajouter 10 mL (2 c. à thé) de vinaigre balsamique à la vinaigrette.

Salade au brocoli

On peut aussi combiner bouquets et tiges de brocoli. Donne 1,5 L (6 tasses). Photo à la page 36.

Fromage de yogourt, page 67	1/2 tasse	125 mL
Crème sure sans gras	1/4 tasse	60 mL
Sucre granulé	1 c. à soupe	15 mL
Sel	1/4 c. à thé	1 mL
Vinaigre blanc	1 c. à soupe	15 mL
Bouquets de brocoli	4 tasses	1 L
Raisins dorés	1/2 tasse	125 mL
Oignon rouge moyen, tranché très fin	1/2	1/2
Graines de tournesol, grillées et salées	2 c. à soupe	30 mL
Tranches de bacon, bien cuites et émiettées	2	2

Mélanger les 5 premiers ingrédients dans un petit bol. ■ Combiner les 5 derniers ingrédients dans un grand bol. Ajouter le mélange de fromage de yogourt. Réfrigérer pendant au moins 1 heure.

Information nutritionnelle

250 mL (1 tasse) : 120 calories; 6 g de protéines; 2,7 g de matières grasses (0,6 g de gras saturés, 2,6 mg de cholestérol); 222 mg de sodium

Vinaigrette aux framboises

L'ajouter à une salade verte ou à des fruits frais. Donne 250 mL (1 tasse).

Framboises non sucrées, surgelées, dégelées	1 tasse	250 mL
Vinaigre de vin blanc	4 c. à thé	20 mL
Sucre granulé	3 c. à thé	15 mL

Mettre les framboises dans un mélangeur. Mélanger jusqu'à ce qu'elles soient en purée. ■ Ajouter le vinaigre et le sucre. Mélanger.

Information nutritionnelle

30 mL (2 c. à soupe) : 14 calories; trace de protéines; 0,1 g de matières grasses (0 g de gras saturés, 0 mg de cholestérol); trace de sodium

....

Il ne faut pas se laisser avoir par l'étiquette «légère» sur les huiles. Elles sont habituellement plus pâles, mais elles contiennent autant de calories et de gras.

Antipasto

À servir en entrée ou pour accompagner un plat de résistance. Idéal pour les barbecues. Donne 2,5 L (10 tasses). Photo à la page 90.

VINAIGRETTE ITALIENNE

Bouillon de poulet condensé (284 mL, 10 oz)	**1 tasse**	**250 mL**
Fécule de maïs	**2 c. à thé**	**10 mL**
Vinaigre de vin blanc	**³/₄ tasse**	**175 mL**
Basilic déshydraté	**2 c. à thé**	**10 mL**
Origan déshydraté	**2 c. à thé**	**10 mL**
Gousses d'ail, écrasées	**2**	**2**
Sucre granulé	**1 c. à thé**	**5 mL**
Bouquets de brocoli	**2 tasses**	**500 mL**
Petit oignon rouge, tranché fin	**1**	**1**
Poivron vert moyen, coupé en tranches de 6 mm (¹/₄ po)	**1**	**1**
Poivron rouge moyen, coupé en tranches de 6 mm (¹/₄ po)	**1**	**1**
Poivron jaune moyen, coupé en tranches de 6 mm (¹/₄ po)	**1**	**1**
Cœurs d'artichauts, en conserve, égouttés et coupés en quatre	**14 oz**	**398 mL**
Pois chiches, en conserve, égouttés	**19 oz**	**540 mL**
Thon blanc en conserve dans l'eau, égoutté et émietté	**6¹/₂ oz**	**184 g**

Vinaigrette italienne : Combiner les 7 premiers ingrédients dans une casserole moyenne. Porter à ébullition et remuer jusqu'à ce que la vinaigrette épaississe légèrement. Incorporer les bouquets de brocoli. Retirer du feu. Laisser refroidir à la température de la pièce. ■ Combiner les 7 derniers ingrédients dans un grand bol. Ajouter la vinaigrette. Bien remuer. Réfrigérer plusieurs heures ou jusqu'au lendemain, en remuant de temps en temps. Avant de servir, remuer l'antipasto et égoutter le reste de sauce.

Information nutritionnelle

250 mL (1 tasse) : 99 calories; 8 g de protéines; 1,3 g de matières grasses (0,2 g de gras saturés, 6,5 mg de cholestérol); 277 mg de sodium

Variante : Remplacer n'importe lequel des légumes par des courgettes tranchées fin, des champignons frais tranchés, des olives ou des tomates.

Nouilles aux œufs épicées

Servir sur-le-champ ou laisser reposer sous couvert au réfrigérateur jusqu'au lendemain. Donne 1,75 L (7 tasses), assez pour 8 portions. Photo à la page 125.

Nouilles chinoises instantanées à faible teneur en gras, brisées	1 tasse	250 mL
Eau bouillante	3 tasses	750 mL
Pak choi, haché fin	3 tasses	750 mL
Oignons verts, tranchés fin	4	4
Poivron rouge moyen, coupé en dés fins	1	1
Carottes, tranchées fin	1 tasse	250 mL
Graines de sésame grillées	1 c. à soupe	15 mL
Huile de canola	1 c. à thé	5 mL
Gingembre frais, râpé	2 c. à thé	10 mL
Gousse d'ail, émincée	1	1
Eau	1/2 tasse	125 mL
Bouillon de poulet en poudre	1 c. à thé	5 mL
Piments rouges du Chili broyés	1/4 c. à the	1 mL
Miel liquide	2 c. à soupe	30 mL
Sauce soja à faible teneur en sodium	2 c. à soupe	30 mL
Vinaigre balsamique	1 c. à soupe	15 mL
Fécule de maïs	2 c. à thé	10 mL

Mettre les nouilles dans un grand bol et les couvrir d'eau bouillante. Laisser reposer 5 minutes. Égoutter. Rincer à l'eau froide. Remettre les nouilles dans le bol. ■ Ajouter les 5 prochains ingrédients et remuer. ■ Chauffer l'huile dans une petite poêle ou une casserole. Faire revenir le gingembre et l'ail pendant 1 minute. Ajouter l'eau, le bouillon en poudre, les piments et le miel. Porter à ébullition. ■ Combiner la sauce soja, le vinaigre et la fécule de maïs dans une petite tasse jusqu'à ce qu'il ne reste plus de grumeaux. Ajouter au mélange contenant les piments. Remuer jusqu'à ce que la sauce bouille et épaississe. Napper les nouilles de sauce. Remuer.

Information nutritionnelle

1 portion : 80 calories; 2 g de protéines; 1,5 g de matières grasses (0,2 g de gras saturés, 0,1 mg de cholestérol); 249 mg de sodium

....

Remplacer les sauces à salade usuelles par les versions sans gras ou faibles en gras ou par des fines herbes, du jus de citron et des épices pour relever le goût des légumes.

Salade orientale

Elle est encore meilleure le lendemain. Pour 8 personnes. Photo à la page 89.

VINAIGRETTE AU SAKÉ		
Gingembre frais, râpé	$1/2$ à 1 c. à thé	2 à 5 mL
Vin de riz (saké par exemple)	$1/4$ tasse	60 mL
Sucre granulé	1 c. à soupe	15 mL
Sauce soja à faible teneur en sodium	2 c. à soupe	30 mL
Graines de sésame grillées (facultatives)	2 c. à thé	10 mL
Vinaigre de vin blanc	2 c. à soupe	30 mL
Gousse d'ail, émincée	1	1
Piments rouges du Chili broyés	$1/4$ c. à thé	1 mL
Huile de sésame	1 c. à thé	5 mL
Nouilles chinoises instantanées à faible teneur en gras, brisées	$1^{1}/4$ tasse	300 mL
Suey choi, haché fin	3 tasses	750 mL
Jicama, en juliennes	1 tasse	250 mL
Carottes, râpées	$1/2$ tasse	125 mL
Oignons verts, tranchés	4	4
Germes de soja	2 tasses	500 mL
Petit poivron rouge, coupé en dés	1	1
Châtaignes d'eau, en conserve, égouttées et grossièrement hachées	8 oz	227 mL

Vinaigrette au saké : Combiner les 9 ingrédients dans un bocal. Couvrir et remuer.

■ Combiner les 8 derniers ingrédients dans un grand bol. Arroser de vinaigrette. Remuer.

Information nutritionnelle

1 portion : 95 calories; 3 g de protéines; 0,9 g de matières grasses (0,1 g de gras saturés, 0 mg de cholestérol); 169 mg de sodium

Salade de jicama et de maïs

On dit souvent du jicama (HEE-kah-mah) qu'il est la pomme de terre du Mexique. Il est sucré et a un léger goût de noix. Bon cuit ou cru. Donne 1,5 L (6 tasses). Photo à la page 125.

Maïs en grains, en conserve, égoutté	14 oz	398 mL
Jicama, pelé et coupé en dés	2 tasses	500 mL
Poivron rouge, coupé en dés	1 tasse	250 mL
Oignons verts, tranchés fin	3	3
Fromage de yogourt, page 67	$1/2$ tasse	125 mL
Jus de citron, frais pressé	2 c. à soupe	30 mL
Zeste de citron, râpé	1 c. à thé	5 mL
Miel liquide	1 c. à soupe	15 mL
Sauce piquante aux piments, un filet		

(Suite...)

Combiner le maïs, le jicama, le poivron rouge et les oignons verts dans un grand bol.
■ Combiner les 5 prochains ingrédients dans un autre bol. Incorporer le tout en pliant
au mélange de maïs.

I n f o r m a t i o n   n u t r i t i o n n e l l e

250 mL (1 tasse) : 93 calories; 3 g de protéines; 0,4 g de matières grasses (trace de gras saturés,
0,4 mg de cholestérol); 179 mg de sodium

Coupes crémeuses au concombre

Le concombre reste croquant 3 heures au réfrigérateur. Pour 6 personnes. Photo sur la couverture.

Fromage de yogourt, page 67	**¹/₂ tasse**	**125 mL**
Crème sure sans gras	**1 tasse**	**250 mL**
Jus et zeste râpé d'un citron		
Oignons verts, tranchés fin	**2**	**2**
Sucre granulé	**1 c. à soupe**	**15 mL**
Sel	**¹/₄ c. à thé**	**1 mL**
Menthe fraîche, hachée	**1 c. à thé**	**5 mL**
Basilic frais, haché	**1 c. à thé**	**5 mL**
Concombres anglais, non pelés, coupés en 4 sur la longueur et tranchés	**2**	**2**
Feuilles de laitue pommée	**6**	**6**
Noix de Grenoble, grillées et broyées	**2 c. à soupe**	**30 mL**
Raisins secs	**¹/₄ tasse**	**60 mL**

Combiner les 8 premiers ingrédients dans un bol moyen. ■ Ajouter le concombre au mélange
de crème sure. Remuer. Couvrir avec une pellicule plastique. Réfrigérer 1 heure. ■ Poser des
feuilles de laitue placées en coupe sur des assiettes. Dresser le mélange de concombre sur la
laitue. ■ Garnir de noix grillées et de raisins secs.

I n f o r m a t i o n   n u t r i t i o n n e l l e

1 portion : 105 calories; 5 g de protéines; 2 g de matières grasses (0,3 g de gras saturés,
0,8 mg de cholestérol); 167 mg de sodium

· ·

Quand c'est possible, couper les quantités de noix et de graines.

Bruschetta dans un bol

On utilise du pain vieux d'un jour pour moins absorber la vinaigrette et couper plus facilement les cubes. Donne 1,75 L (7 tasses). Photo à la page 125.

Tranches de pain italien vieux d'un jour coupé en cubes de 2,5 cm (1 po)	**4 tasses**	**1 L**
Vinaigre balsamique	**¹/₃ tasse**	**75 mL**
Concombre anglais, non pelé, coupé en 4 sur la longueur et tranché	**1**	**1**
Poivron rouge ou jaune moyen, épépiné et haché	**1**	**1**
Tomates italiennes, coupées en dés	**3**	**3**
Poivre frais, moulu	**¹/₄ c. à thé**	**1 mL**
Basilic frais, haché fin	**¹/₄ tasse**	**60 mL**
Olives mûres, dénoyautées et tranchées	**¹/₄ tasse**	**60 mL**
Huile d'olive	**2 c. à thé**	**10 mL**

Étaler les cubes de pain sur une grande plaque à pâtisserie non graissée. Cuire au four à 350 °F (175 °C) pendant 5 minutes. Remuer. Faire griller au four 10 à 15 minutes de plus. ■ Combiner les 8 derniers ingrédients dans un bol moyen. Ajouter les cubes de pain. Remuer.

Information nutritionnelle

250 mL (1 tasse) : 109 calories; 3 g de protéines; 2,1 g de matières grasses (0,3 g de gras saturés, 0,3 mg de cholestérol); 184 mg de sodium

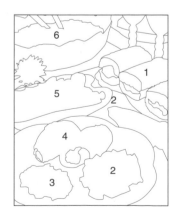

Salade de fruits et de jicama

Une grosse salade. Pour en faire moins, il suffit de couper la recette de moitié. Donne 4 L (16 tasses).

SAUCE AU CITRON ET AU PAVOT		
Yogourt sans gras au citron	**1 tasse**	**250 mL**
Sucre granulé	**1 c. à thé**	**5 mL**
Graines de pavot	**1 c. à thé**	**5 mL**
Têtes de laitue pommée moyennes, déchiquetées	**2**	**2**
Jicama moyen, coupé en juliennes	**¹/₂**	**¹/₂**
Fraises fraîches, tranchées	**2 tasses**	**500 mL**
Quartiers de mandarine, en conserve, égouttés	**10 oz**	**284 mL**
Petits morceaux d'ananas, en conserve, égouttés	**8 oz**	**227 mL**
Guimauves miniatures	**1 tasse**	**250 mL**

Sauce au citron et au pavot : Combiner les 3 ingrédients dans un petit bol. Fouetter jusqu'à ce que la sauce soit lisse. ■ Combiner les 6 derniers ingrédients dans un grand bol. Dresser sur des assiettes. Arroser chaque portion de sauce.

Information nutritionnelle

250 mL (1 tasse) : 46 calories; 2 g de protéines; 0,3 g de matières grasses (trace de gras saturés, 0,5 mg de cholestérol); 17 mg de sodium

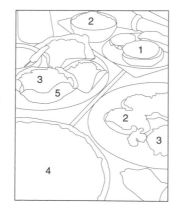

1. Sandwiches chauds à la dinde et aux pommes, page 84
2. Galettes de lentilles garnies de champignons, page 79
3. Salade mexicaine, page 128
4. Pizza libanaise, page 80
5. Coupes tortilla, page 129

Salade mexicaine

En espagnol, pinto signifie «peint». Les haricots pinto sont marqués de traces brunâtres sur un fond rose. Pour servir la salade sans les coupes tortilla, combiner la sauce avec le mélange de laitue dans un saladier. Donne 1,5 L (6 tasses), assez pour remplir 6 à 8 coupes tortilla. Photo à la page 126.

Bœuf haché maigre	**¹/₂ lb**	**225 g**
Assaisonnement pour taco	**4 c. à thé**	**20 mL**
Eau	**¹/₂ tasse**	**125 mL**
Haricots pinto, en conserve, égouttés	**14 oz**	**398 mL**
Laitue iceberg, déchiquetée	**4 tasses**	**1 L**
Petit poivron rouge, coupé en dés	**1**	**1**
Oignon rouge, tranché très fin	**1 tasse**	**250 mL**
Tomate moyenne, coupée en dés	**1**	**1**
Coupes tortilla, page 129	**4**	**4**
SAUCE AU CHILI		
Yogourt sans gras	**¹/₂ tasse**	**125 mL**
Crème sure sans gras	**¹/₂ tasse**	**125 mL**
Sauce chili	**3 c. à soupe**	**50 mL**
Poudre d'oignon	**¹/₂ c. à thé**	**2 mL**
Poudre d'ail	**¹/₈ c. à thé**	**0,5 mL**
Sel	**¹/₄ c. à thé**	**1 mL**

Faire sauter le bœuf haché dans une poêle à revêtement anti-adhésif jusqu'à ce qu'il ne soit plus rose. Égoutter. Incorporer l'assaisonnement pour taco et l'eau. Laisser mijoter jusqu'à ce qu'il ne reste plus de liquide. Laisser refroidir à la température de la pièce. ■ Combiner les haricots, la laitue, le poivron, l'oignon et la tomate dans un bol moyen. Remuer. Incorporer le mélange de bœuf. ■ Remplir les coupes tortilla. ■ **Sauce au chili :** Combiner les 6 ingrédients dans un petit bol. Arroser la salade de sauce.

Information nutritionnelle

250 mL (1 tasse) de salade seulement : 149 calories; 12 g de protéines; 3,7 g de matières grasses (1,3 g de gras saturés, 19,7 mg de cholestérol); 721 mg de sodium

Au lieu de l'huile, badigeonner les aliments avec du vin, une marinade sans huile, une sauce à basse teneur en gras, du bouillon ou un jus de fruit.

Coupes tortilla

En préparer le nombre requis. La cuisson au micro-ondes est préférable pour les tortillas de maïs, qui ont tendance à craquer au four. Photo à la page 126.

Tortilla au maïs ou à la farine de 15 à 18 cm (6 à 7 po)   1   1

Cuisson au micro-ondes : Graisser légèrement le fond et l'extérieur d'une tasse graduée de 500 mL (2 tasses). 1. Retourner la tasse graduée. Presser la tortilla contre le fond et les côtés. Cuire au micro-ondes à puissance maximale (100 %) pendant 1 minute. 2. En portant des gants isolants, presser de nouveau la tortilla contre la tasse. Cuire de nouveau au micro-ondes à puissance maximale (100 %) environ 1 minute, jusqu'à ce que des taches brunes paraissent sur la tortilla. Presser de nouveau la tortilla contre la tasse graduée, au besoin. 3. Laisser refroidir sur une grille.

Cuisson au four : Graisser légèrement le fond et l'extérieur d'une tasse graduée de 500 mL (2 tasses). Poser la tasse graduée à l'envers sur une plaque à pâtisserie. Presser la tortilla contre le fond et les côtés. Cuire au four à 325 °F (160 °C) pendant 7 à 10 minutes jusqu'à ce que des taches brunes soient apparentes, en pressant de temps en temps la tortilla contre la tasse.

Information nutritionnelle

1 coupe tortilla : 89 calories; 3 g de protéines; 1,5 g de matières grasses (0 g de gras saturés, 0 mg de cholestérol); 71 mg de sodium

Remarque : Pour faire des coupes plus grandes, employer des tortillas à la farine de 25 cm (10 po) et une tasse graduée de 1 L (4 tasses).

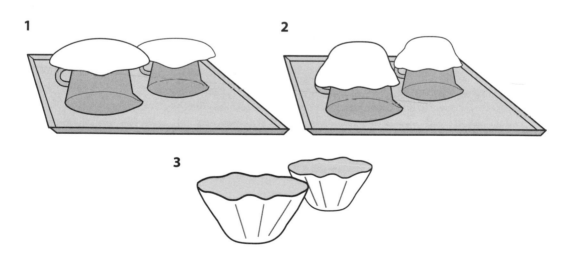

Salade méditerranéenne

La préparation prend 40 minutes. Peut être préparée la veille et réfrigérée. Donne 2,75 L (11 tasses).
Photo à la page 71.

Bouillon de poulet condensé	**10 oz**	**284 mL**
Eau	**1/2 tasse**	**125 mL**
Couscous	**1 1/2 tasse**	**375 mL**
Petit poivron rouge, coupé en dés	**1**	**1**
Petit poivron jaune, coupé en dés	**1**	**1**
Cœurs d'artichauts, en conserve, égouttés et coupés en quatre	**14 oz**	**398 mL**
Pois chiches, en conserve, égouttés	**14 oz**	**398 mL**
Oignons verts, tranchés	**4**	**4**
Cheddar à basse teneur en matières grasses, coupé en petits cubes	**4 oz**	**125 g**
Petites tiges de céleri, tranchées fin	**2**	**2**
Olives mûres, dénoyautées, hachées	**1/4 tasse**	**60 mL**
Vinaigrette italienne à basse teneur en matières grasses	**1 tasse**	**250 mL**
Gousse d'ail, écrasée	**1**	**1**
Zeste de citron, râpé	**1 c. à thé**	**5 mL**
Feuilles de romaine	**6 à 8**	**6 à 8**
Sel, au goût		
Poivre, au goût		

Combiner le bouillon de poulet et l'eau dans une casserole. Porter à ébullition. Retirer du feu. Incorporer le couscous. Couvrir. Laisser reposer 15 à 20 minutes. ■ Combiner les 8 prochains ingrédients dans un grand bol. ■ Combiner la vinaigrette italienne, l'ail et le zeste de citron dans un petit bol. Verser sur les légumes. Ajouter le couscous. Remuer un peu. Laisser reposer 2 heures. ■ Poser les feuilles de romaine dans un plat ou un saladier en verre. Dresser le mélange de couscous sur la laitue.

Information nutritionnelle

250 mL (1 tasse) : 199 calories; 10 g de protéines; 4,1 g de matières grasses (1,7 g de gras saturés, 8,5 mg de cholestérol); 699 mg de sodium

Variante : Ajouter 30 mL (2 c. à soupe) de basilic, de menthe ou d'aneth frais et haché, à la sauce à salade.

Salade de pâtes et de tomates

La préparation prend 30 minutes. On peut utiliser un autre type de pâtes. Donne 3 L (12 tasses). Photo à la page 125.

Boucles, non cuites	**10 oz**	**300 g**
Tomates italiennes, en dés	**6**	**6**
Basilic frais, haché, tassé	**$^1/_2$ tasse**	**125 mL**
Mozzarella partiellement écrémé, coupé en très petits cubes	**4 oz**	**125 g**
Olives mûres, dénoyautées, tranchées (facultatives)	**$^1/_4$ tasse**	**60 mL**
VINAIGRETTE À LA TOMATE		
Jus de tomate	**$^1/_2$ tasse**	**125 mL**
Vinaigre de vin rouge	**2 c. à soupe**	**30 mL**
Huile d'olive	**1 c. à soupe**	**15 mL**
Gousses d'ail, émincées	**2**	**2**
Sauce Worcestershire	**$^1/_2$ c. à thé**	**2 mL**
Sel	**$^1/_2$ c. à thé**	**2 mL**
Poivre frais, moulu	**$^1/_8$ c. à thé**	**0,5 mL**

Cuire les pâtes en suivant les directives données sur l'emballage. Égoutter. Rincer à l'eau froide. ■ Combiner les tomates, le basilic, le fromage et les olives avec les pâtes dans un grand bol. ■ **Vinaigrette à la tomate :** Combiner les 7 ingrédients dans un bocal. Couvrir et secouer. Ajouter au mélange de pâtes. Bien remuer. Laisser reposer à la température de la pièce pendant au moins 30 minutes pour que les goûts se mêlent.

Information nutritionnelle

250 mL (1 tasse) : 147 calories; 7 g de protéines; 3,5 g de matières grasses (1,3 g de gras saturés, 6,2 mg de cholestérol); 211 mg de sodium

....

Servir la sauce à salade dans un petit bol avec une cuillère. On tend alors à en mettre moins que lorsque la sauce est versée sur la salade.

Sauces

u'on les serve avec des pâtes ou comme trempette, ces sauces sont assez diverses pour faire toute la semaine. Chacune contient moins de 3,5 grammes de matières grasses par portion, on ne peut donc se tromper, peu importe celle que l'on choisit! Le moment est venu d'essayer une bonne sauce épaisse et crémeuse, juste quand on commençait à penser ce plaisir désormais interdit!

Sauce aux trois tomates

On emploie trois types de tomates-fraîches, séchées au soleil et en conserve. Servir avec des pâtes ou avec les pointes polenta, page 78. Donne 1 L (4 tasses). Photo à la page 71.

Huile d'olive	**1 c. à thé**	**5 mL**
Oignon moyen, haché	**1**	**1**
Gousse d'ail, écrasée	**1**	**1**
Demi-tomates séchées au soleil, coupées en quatre	**8**	**8**
Tomates roma, en conserve, passées au moulin	**2 × 14 oz**	**2 × 398 mL**
Basilic frais, haché fin	**¹/₄ tasse**	**60 mL**
Tomates italiennes moyennes, en dés	**3**	**3**

Réchauffer l'huile dans une grande poêle à revêtement anti-adhésif. Faire revenir l'oignon et l'ail jusqu'à ce que l'oignon soit tendre. ■ Ajouter les 3 prochains ingrédients. Porter à ébullition, en remuant de temps en temps. ■ Ajouter les tomates italiennes. Remuer. Laisser mijoter pendant 1 minute.

Information nutritionnelle

175 mL (³/₄ tasse) : 82 calories; 3 g de protéines; 1,8 g de matières grasses (0,3 g de gras saturés, 0 mg de cholestérol); 264 mg de sodium

Sauce aux poivrons grillés

Comme variante, on peut mettre des poivrons jaunes, oranges ou verts. Servir avec des pâtes de blé entier ou aromatisées. Donne 1,1 L (4¹/₂ tasses) de sauce, assez pour 4 portions. Photo à la page 108.

Gros poivrons rouges	**5**	**5**
Basilic frais, haché	**²/₃ tasse**	**150 mL**
Margarine dure	**1 c. à thé**	**5 mL**
Gousses d'ail, écrasées	**2**	**2**
Oignons verts, tranchés fin	**6**	**6**
Farine tout usage	**1¹/₂ c. à soupe**	**25 mL**
Lait écrémé évaporé	**13¹/₂ oz**	**385 mL**
Origan déshydraté	**¹/₂ c. à thé**	**2 mL**
Marjolaine moulue	**¹/₂ c. à thé**	**2 mL**
Thym déshydraté	**¹/₂ c. à thé**	**2 mL**
Sel	**1¹/₂ c. à thé**	**7 mL**
Poivre frais, moulu	**¹/₂ c. à thé**	**2 mL**

Mettre les poivrons sur une plaque à pâtisserie munie de côtés. Griller au four à 7,5 cm (3 po) de l'élément chauffant pendant 30 minutes, en retournant les poivrons à plusieurs reprises, jusqu'à ce que la peau soit noire. Sortir du four. Couvrir avec du papier d'aluminium. Laisser reposer les poivrons jusqu'à pouvoir les manipuler. Ôter la peau et jeter les graines, mais réserver le jus. ■ Mettre les poivrons pelés, le jus réservé et le basilic dans le mélangeur. Mélanger jusqu'à ce que les poivrons soient hachés fin. ■ Faire fondre la margarine dans une poêle à frire à revêtement anti-adhésif. Faire revenir l'ail et les oignons verts jusqu'à ce que les oignons soient tendres. ■ Combiner la farine et le lait évaporé dans une petite tasse. Remuer jusqu'à ce qu'il ne reste plus de grumeaux. Ajouter l'origan, la marjolaine, le thym, le sel et le poivre. Ajouter le tout, ainsi que la purée de poivrons, au mélange d'ail. Réchauffer, en remuant de temps en temps, jusqu'à ce que la sauce bouille et épaississe. Servir sur-le-champ.

Information nutritionnelle

1 portion : 155 calories; 11 g de protéines; 1,6 g de matières grasses (0,4 g de gras saturés, 3,8 mg de cholestérol); 1 162 mg de sodium

....

Avec les légumes et dans les casseroles, remplacer la crème sure, le fromage, la mayonnaise ou autres sauces par une sauce à salade à basse teneur en matières grasses ou sans gras.

Sauce aux haricots noirs et aux légumes

Servir avec des pâtes, du riz ou les pointes polenta, page 78. Se conserve une semaine au réfrigérateur dans un récipient hermétique. Se congèle bien. Donne 1,4 L (5²/₃ tasses). Photo à la page 108.

Huile d'olive	**1 c. à thé**	**5 mL**
Gousse d'ail, émincée	**1**	**1**
Carottes moyennes, tranchées fin	**2**	**2**
Poivron jaune moyen, coupé en dés	**1**	**1**
Oignon moyen, grossièrement haché	**1**	**1**
Tomates moyennes, coupées en dés	**2**	**2**
Tomates broyées, en conserve	**14 oz**	**398 mL**
Origan déshydraté	**1 c. à thé**	**5 mL**
Sucre granulé	**2 c. à thé**	**10 mL**
Sauce piquante aux piments	**¹/₄ c. à thé**	**1 mL**
Haricots noirs, en conserve, bien égouttés	**19 oz**	**540 mL**

Réchauffer l'huile dans un grand wok à revêtement anti-adhésif ou une poêle. Faire revenir l'ail. Ajouter les carottes, le poivron et l'oignon. Faire frire en remuant pendant 4 minutes.
■ Ajouter les tomates. Faire frire en remuant pendant 2 minutes. Ajouter les 5 derniers ingrédients. Remuer. Laisser mijoter pendant 10 minutes.

Information nutritionnelle

175 mL (³/₄ tasse) : 93 calories; 4 g de protéines; 1,1 g de matières grasses (0,2 g de gras saturés, 0 mg de cholestérol); 183 mg de sodium

Dijonnaise crémeuse aux épinards

Servir avec des pâtes ou les pointes polenta, page 78. Garnir de poivre frais moulu et de piments forts. Donne 1 L (4 tasses) de sauce. Photo à la page 108 et sur la couverture.

Huile d'olive	**2 c. à thé**	**10 mL**
Petit oignon, grossièrement haché	**1**	**1**
Gousses d'ail, émincées	**2**	**2**
Épinards, grossièrement hachés	**4 tasses**	**1 L**
Eau	**1 tasse**	**250 mL**
Bouillon de poulet en poudre	**1¹/₂ c. à thé**	**7 mL**
Romarin séché, écrasé	**¹/₄ c. à thé**	**1 mL**
Thym déshydraté	**¹/₄ c. à thé**	**1 mL**
Basilic déshydraté	**¹/₄ c. à thé**	**1 mL**
Moutarde de Dijon	**1 c. à soupe**	**15 mL**
Farine tout usage	**1 c. à soupe**	**15 mL**
Fécule de maïs	**1 c. à soupe**	**15 mL**
Lait écrémé évaporé	**1 tasse**	**250 mL**

(Suite...)

Réchauffer l'huile dans une poêle à revêtement anti-adhésif. Faire revenir l'oignon et l'ail jusqu'à ce que l'oignon soit tendre. Ajouter les épinards. Faire revenir pendant 1 minute. ■ Ajouter les 6 prochains ingrédients. Porter à ébullition. Réduire le feu. Laisser mijoter, à découvert, pendant 5 minutes. ■ Combiner la farine et la fécule de maïs dans un petit bol. Incorporer graduellement au fouet le lait évaporé. Ajouter le mélange d'épinards. Bien mélanger. Porter à ébullition. Réduire le feu. Laisser mijoter pendant 1 minute, jusqu'à ce que la sauce épaississe légèrement.

Information nutritionnelle

250 mL (1 tasse) : 117 calories; 8 g de protéines; 3,1 g de matières grasses (0,5 g de gras saturés, 2,6 mg de cholestérol); 422 mg de sodium

Sauce aux shiitakes et au vin

Pour que les champignons restent frais, les ranger au réfrigérateur dans un sac de papier. Ne pas les rincer tant que le moment n'est pas venu de les utiliser. Servir avec du poulet, du poisson ou des pâtes. Donne 500 mL (2 tasses) de sauce. Photo à la page 108.

Margarine dure	1 c. à soupe	15 mL
Gousses d'ail, émincées	2	2
Échalotes, hachées fin	1/3 tasse	75 mL
Champignons shiitakes, tranchés fin, pieds ôtés	3 tasses	750 mL
Eau	1 tasse	250 mL
Bouillon de poulet en poudre	1 1/2 c. à thé	7 mL
Vin blanc sec	1/2 tasse	125 mL
Aneth frais, haché fin	1 c. à soupe	15 mL
Poivre frais, moulu	1/4 c. à thé	1 mL
Farine tout usage	2 c. à soupe	30 mL
Lait écrémé évaporé	1 tasse	250 mL

Faire fondre la margarine dans une casserole moyenne jusqu'à ce qu'elle grésille. Faire revenir l'ail et les échalotes 1 à 2 minutes, jusqu'à ce qu'elles soient molles. Ajouter les champignons. Faire revenir pendant 5 minutes jusqu'à ce qu'ils soient mous. ■ Incorporer l'eau, le bouillon en poudre et le vin. Porter à ébullition. Réduire le feu. Laisser mijoter, à découvert, pendant 10 minutes jusqu'à ce que la sauce réduise légèrement. Retirer du feu. Incorporer l'aneth et le poivre. ■ Combiner la farine et le lait évaporé. Fouetter jusqu'à ce qu'il ne reste plus de grumeaux. Incorporer le tout en remuant au mélange de champignons. Remettre sur le feu. Porter à ébullition. Laisser bouillir jusqu'à ce que la sauce épaississe légèrement. Servir sur-le-champ.

Information nutritionnelle

125 mL (1/2 tasse) : 193 calories; 8 g de protéines; 3,5 g de matières grasses (0,8 g de gras saturés, 2,6 mg de cholestérol); 363 mg de sodium

Sauce aux prunes

Remuer la sauce sans arrêt pour éviter qu'elle ne brûle. Servir avec les rouleaux printaniers au four, page 11, ou les doigts de poulet, page 19. Donne 325 mL (1¹/₃ tasse) de sauce. Photo à la page 17.

Purée de pruneaux ou de prunes (aliments pour bébés)	**2 × 4¹/₂ oz**	**2 × 128 mL**
Vinaigre blanc	**2 c. à soupe**	**30 mL**
Cassonade, tassée	**¹/₄ tasse**	**60 mL**
Jus d'orange frais pressé	**2 c. à soupe**	**30 mL**
Zeste d'orange, râpé	**¹/₄ c. à thé**	**1 mL**
Moutarde sèche	**¹/₂ c. à thé**	**2 mL**
Gingembre moulu	**¹/₄ c. à thé**	**1 mL**
Piment de la Jamaïque moulu	**¹/₈ c. à thé**	**0,5 mL**

Combiner les 8 ingrédients dans une petite casserole. Porter à ébullition en remuant sans arrêt. Laisser bouillir jusqu'à ce que la cassonade soit dissoute. Laisser refroidir avant de servir pour que les goûts se mêlent.

Information nutritionnelle

15 mL (1 c. à soupe) : 20 calories; trace de protéines; trace de matières grasses (0 g de gras saturés, 0 mg de cholestérol); 2 mg de sodium

Chutney aux mangues

Se conserve cinq jours au réfrigérateur dans un récipient couvert. Donne 500 mL (2 tasses).

Mangues fraîches, mûres, pelées et hachées fin	**2**	**2**
Jus d'une lime moyenne		
Jus et zeste râpé d'une grosse orange		
Vinaigre de cidre	**¹/₄ tasse**	**60 mL**
Gingembre frais, râpé	**2 c. à thé**	**10 mL**
Cassonade, tassée	**2 c. à thé**	**10 mL**
Piments rouges du Chili broyés	**¹/₄ c. à thé**	**1 mL**
Poudre de cari	**¹/₄ c. à thé**	**1 mL**
Sel	**¹/₄ c. à thé**	**1 mL**

Combiner les 9 ingrédients dans un bol moyen. Laisser reposer 30 minutes à la température de la pièce.

Information nutritionnelle

15 mL (1 c. à soupe) : 12 calories; trace de protéines; trace de matières grasses (trace de gras saturés, 0 mg de cholestérol); 21 mg de sodium

Soupes

hacune de ces recettes contient moins de 2,5 grammes de matières grasses par portion, c'est

pourquoi elles sont parfaites pour le dîner ou le souper! Le lait écrémé évaporé remplace

parfaitement la crème épaisse dans les soupes crémeuses. Ces alléchantes recettes sont à

partager avec la famille et les amis.

Soupe à l'ail et à l'oignon

Elle est meilleure servie le jour même. La préparation ne prend que 20 minutes. Donne 1,75 L (7 tasses). Photo à la page 71.

Huile d'olive	1 c. à soupe	15 mL
Gros oignon, tranché très fin et émincé	1	1
Gousses d'ail, émincées	8	8
Jus de pomme	3 c. à soupe	50 mL
Farine tout usage	1 c. à soupe	15 mL
Vin blanc	¹/₂ tasse	125 mL
Eau	7 tasses	1,75 L
Bouillon de bœuf en poudre	2 c. à thé	10 mL
Feuilles de laurier	2	2
Sauce piquante aux piments, un filet		
Persil frais, haché	2 c. à soupe	30 mL
Sel	2 c. à thé	10 mL
Poivre	¹/₈ c. à thé	0,5 mL
Fusilli trois couleurs ou autres spirales	1¹/₂ tasse	375 mL
Sauce pour faire brunir (Kitchen Bouquet par exemple)	1¹/₂ c. à thé	7 mL

Réchauffer l'huile dans une poêle à revêtement anti-adhésif. Faire revenir l'oignon et l'ail pendant 5 minutes. Ajouter le jus de pomme. Réduire le feu au plus bas. Couvrir. Cuire, en remuant de temps en temps, jusqu'à ce que l'oignon soit très mou et doré. ■ Répandre la farine sur l'oignon. Bien mélanger. Mettre le tout dans un faitout. Incorporer le vin. Ajouter les 7 prochains ingrédients. Porter à ébullition. ■ Ajouter les pâtes. Laisser mijoter jusqu'à ce qu'elles soient tendres. Incorporer la sauce pour brunir.

Information nutritionnelle

250 mL (1 tasse) : 123 calories; 3 g de protéines; 2,4 g de matières grasses (0,4 g de gras saturés, 0,1 mg de cholestérol); 1 046 mg de sodium

Soupe aux champignons et à l'orzo

Orzo signifie «orge» en italien. Il s'agit en fait de petites pâtes en forme de grains de riz. On peut employer un assortiment de champignons pour relever le goût. Donne 2,25 L (9 tasses). Photo à la page 72.

Champignons frais, hachés fin	**1¹/₂ lb**	**680 g**
Farine tout usage	**3 c. à soupe**	**50 mL**
Gousses d'ail, émincées	**3**	**3**
Eau	**6 tasses**	**1,5 L**
Bouillon de bœuf en poudre	**3 c. à soupe**	**50 mL**
Oignons verts, tranchés fin	**3**	**3**
Sel	**1 c. à thé**	**5 mL**
Poivre frais, moulu	**¹/₂ à 1 c. à thé**	**2 à 5 mL**
Orzo non cuit	**¹/₂ tasse**	**125 mL**
Crème sure sans gras	**1 tasse**	**250 mL**

Réchauffer un faitout légèrement graissé. Faire revenir les champignons, la farine et l'ail pendant 5 minutes. ■ Ajouter l'eau, le bouillon de bœuf, les oignons verts, le sel et le poivre. Laisser mijoter pendant 15 minutes. ■ Ajouter l'orzo. Laisser mijoter pendant 10 minutes. Retirer du feu. Incorporer la crème sure.

Information nutritionnelle

250 mL (1 tasse) : 67 calories; 4 g de protéines; 0,8 g de matières grasses (0,2 g de gras saturés, 0,4 mg de cholestérol); 911 mg de sodium

Soupe de haricots et de légumes

Employer n'importe quelle variété de haricots en conserve. La préparation prend 20 minutes. Donne 2,75 L (11 tasses). Photo à la page 72.

Margarine de régime	**1 c. à soupe**	**15 mL**
Oignon moyen, coupé en dés	**1**	**1**
Branches de céleri, hachées	**1**	**1**
Eau	**6 tasses**	**1,5 L**
Bouillon aux légumes en poudre	**2 c. à soupe**	**30 mL**
Chou, grossièrement haché	**2 tasses**	**500 mL**
Carottes, coupées en dés	**1 tasse**	**250 mL**
Tomates coupées en dés, en conserve, non égouttées	**14 oz**	**398 mL**
Petits haricots blancs, en conserve, non égouttés	**14 oz**	**398 mL**
Pomme de terre moyenne, coupée en dés	**1**	**1**
Piments rouges du Chili broyés	**¹/₄ c. à thé**	**1 mL**
Persil frais, haché	**1 c. à soupe**	**15 mL**
Poivre frais, moulu	**¹/₈ c. à thé**	**0,5 mL**

(Suite...)

Faire fondre la margarine dans un faitout. Faire revenir l'oignon et le céleri jusqu'à ce qu'ils soient mous. ■ Ajouter les 10 derniers ingrédients. Couvrir. Laisser mijoter pendant 40 minutes, jusqu'à ce que les légumes soient tendres.

Information nutritionnelle

250 mL (1 tasse) : 81 calories; 4 g de protéines; 1,3 g de matières grasses (0,3 g de gras saturés, trace de cholestérol); 239 mg de sodium

Chaleureuse chaudrée de maïs

Les chaudrées sont des soupes épaisses et riches qui contiennent des gros morceaux de légumes. Donne 2,5 L (10 tasses). Photo à la page 72.

Margarine de régime	**1 c. à soupe**	**15 mL**
Oignon moyen, haché	**1**	**1**
Branche de céleri, hachée	**1**	**1**
Poivron vert, haché	**¹/₂ tasse**	**125 mL**
Maïs en grains, en conserve, non égoutté, légèrement écrasé	**2 × 12 oz**	**2 × 341 mL**
Pommes de terre moyennes, pelées et coupées en dés	**3**	**3**
Eau	**3 tasses**	**750 mL**
Sauce piquante aux piments	**¹/₈ c. à thé**	**0,5 mL**
Poudre chili	**¹/₂ c. à thé**	**2 mL**
Sel	**1¹/₂ c. à thé**	**7 mL**
Poivre	**¹/₄ c. à thé**	**1 mL**
Farine tout usage	**¹/₄ tasse**	**60 mL**
Lait écrémé évaporé	**13¹/₂ oz**	**385 mL**
Persil frais, haché	**1¹/₂ c. à thé**	**7 mL**
Tranches de bacon, bien cuites et émiettées (facultatives)	**1**	**1**

Faire fondre la margarine dans un faitout. Faire revenir l'oignon, le céleri et le poivron. ■ Ajouter les 7 prochains ingrédients. Porter à ébullition. Réduire le feu. Laisser mijoter pendant 15 minutes jusqu'à ce que les pommes de terre soient tendres. ■ Combiner la farine et le lait évaporé dans un petit bol. Remuer jusqu'à ce qu'il ne reste plus de grumeaux. Ajouter le tout au mélange de maïs. Ajouter le persil et le bacon. Porter à ébullition, en remuant jusqu'à ce que la soupe épaississe.

Information nutritionnelle

250 mL (1 tasse) : 133 calories; 6 g de protéines; 1,1 g de matières grasses (0,2 g de gras saturés, 1,5 mg de cholestérol); 634 mg de sodium

Bisque à l'oignon et l'ail grillés

Utiliser des oignons sucrés Vidalia ou Walla Walla. Pour congeler la soupe, omettre le lait évaporé.
L'ajouter une fois la soupe dégelée, réchauffer et servir. Donne 2 L (8 tasses). Photo à la page 72.

Grosse tête d'ail	**1**	**1**
Gros oignons sucrés, coupés en quartiers	**4 ou 5**	**4 ou 5**
Huile d'olive (ou aérosol pour la cuisson)	**2 c. à thé**	**10 mL**
Huile d'olive	**1 c. à thé**	**5 mL**
Poireaux moyens, tranchés fin	**2**	**2**
Farine tout usage	**2 c. à soupe**	**30 mL**
Thym déshydraté	**1 c. à thé**	**5 mL**
Sel	**1 c. à thé**	**5 mL**
Bouillon de poulet condensé	**2 × 10 oz**	**2 × 284 mL**
Vin blanc sec	**¹/₃ tasse**	**75 mL**
Lait écrémé évaporé	**2 × 13¹/₂ oz**	**2 × 385 mL**
Crème sure sans gras, pour garnir		

Enlever la cosse extérieure de l'ail sans séparer les gousses. Mettre l'ail et l'oignon sur une plaque à pâtisserie légèrement graissée. Les badigeonner légèrement de la première quantité d'huile. Cuire au four à 350 °F (175 °C) pendant 1 heure. Laisser refroidir. ■ Chauffer la seconde quantité d'huile dans un faitout. Faire revenir les poireaux pendant 20 minutes, jusqu'à ce qu'ils soient mous et dorés. Répandre la farine, le thym et le sel sur les poireaux. Bien remuer. Incorporer le bouillon de poulet. ■ Dégager la chair de l'ail dans le mélangeur. Ajouter l'oignon. Mélanger. Ajouter peu à peu le vin blanc et travailler le mélange jusqu'à ce qu'il soit lisse. Ajouter le tout au mélange de poireaux. Laisser mijoter pendant 30 minutes. Retirer du feu. ■ Incorporer le lait évaporé. Réchauffer lentement, sans que la soupe bouille. ■ Décorer d'un feston de crème sure.

Information nutritionnelle

250 mL (1 tasse) : 190 calories; 13 g de protéines; 3 g de matières grasses (0,6 g de gras saturés, 4,5 mg de cholestérol); 941 mg de sodium

Pour faire une soupe crémeuse sans employer de crème, réduire le mélange de légumes en purée dans un mélangeur ou un robot culinaire ou employer du lait écrémé évaporé dans la recette.

Plats fricassés

apides, frais et sains, les plats fricassés sont réellement de l'époque. En réchauffant la poêle ou le wok avant d'y ajouter l'huile, on peut réduire la quantité d'huile requise pour la cuisson. Tous apprécieront le goût frais et nouveau des plats fricassés proposés ici.

Bœuf chinois épicé

Le bœuf est plus facile à trancher quand il est légèrement gelé. Servir sur du riz chaud. Donne 1,5 L (6 tasses). Photo à la page 143.

Bifteck d'œil de ronde	$^3/_4$ lb	340 g
Bouillon aux légumes ou de poulet en cube à basse teneur en matières grasses	$^1/_4$ × $^1/_3$ oz	$^1/_4$ × 10,5 g
Eau tiède	$^1/_2$ tasse	125 mL
Sauce chili	1 c. à soupe	15 mL
Gousse d'ail, émincée	1	1
Sauce soja à faible teneur en sodium	2 c. à soupe	30 mL
Gingembre frais, râpé	1 c. à thé	5 mL
Piments rouges du Chili broyés	$^1/_4$ c. à thé	1 mL
Sucre granulé	$^1/_4$ c. à thé	1 mL
Carottes moyennes, coupées en juliennes	2	2
Oignon moyen, émincé sur la hauteur	1	1
Germes de soja fraîches	3 tasses	750 mL
Fécule de maïs	2 c. à thé	10 mL
Marinade réservée, additionnée d'eau pour faire	$^2/_3$ tasse	150 mL

Couper le bifteck en morceaux étroits de 5 cm (2 po) de long. Couper les morceaux en juliennes de 3 mm ($^1/_8$ po). Combiner les 8 prochains ingrédients dans un bol moyen. Bien remuer. Ajouter au bifteck, dans un bol profond. Laisser mariner pendant 15 minutes. ■ Graisser légèrement et réchauffer un wok à revêtement anti-adhésif ou une poêle. Mettre le bifteck dans le wok avec une écumoire et réserver la marinade. Faire frire en remuant pendant 2 minutes, jusqu'à ce que le bœuf soit complètement cuit. Réserver dans un bol. On peut cuire le bœuf en 2 fois. Mettre les carottes et l'oignon dans le wok. Faire frire en remuant pendant 3 minutes. Ajouter les germes de soja. Faire frire en remuant pendant 2 minutes. Remettre le bœuf dans le wok. ■ Délayer la fécule de maïs dans la marinade réservée. Ajouter ce mélange et l'eau au contenu du wok. Remuer jusqu'à ce que le tout soit chaud et que la sauce ait épaissi.

Information nutritionnelle

250 mL (1 tasse) : 103 calories; 14 g de protéines; 1,6 g de matières grasses (0,5 g de gras saturés, 20,8 mg de cholestérol); 328 mg de sodium

Porc au gingembre et à l'orange

Le vin de riz est sucré et doré et provient de la fermentation du riz. Il contient généralement peu d'alcool.
Pour 6 personnes.

Longe de porc, dégraissée	**³/₄ lb**	**340 g**
Jus et zeste râpé d'une orange		
Gingembre frais, émincé	**1 c. à soupe**	**15 mL**
Gousse d'ail, émincée fin	**1**	**1**
Miel liquide	**2 c. à thé**	**10 mL**
Sauce soja à faible teneur en sodium	**1 c. à soupe**	**15 mL**
Vin de riz (saké par exemple)	**3 c. à soupe**	**50 mL**
Carottes, coupées en juliennes	**2 tasses**	**500 mL**
Pois en cosses frais (ou surgelés, dégelés)	**2 tasses**	**500 mL**
Oignons verts, coupés en quatre sur la longueur et en sections de 10 cm (2 po)	**4**	**4**
Châtaignes d'eau tranchées, en conserve, égouttées	**8 oz**	**227 mL**

Couper le porc en lanières de 6 mm (¹/₄ po), puis en tranches de 7,5 cm (3 po). Combiner le porc avec le jus et le zeste d'orange, le gingembre, l'ail, le miel, la sauce soja et le vin de riz. Laisser mariner pendant 30 minutes, en remuant de temps en temps. ■ Réchauffer un wok à revêtement anti-adhésif ou une poêle. Ajouter le porc et la marinade. Faire frire en remuant pendant 5 minutes, jusqu'à ce que le porc soit complètement cuit. Le retirer avec une écumoire et le mettre dans un bol. Mettre les carottes et les pois dans le wok. Faire frire en remuant pendant 3 minutes. Ajouter les oignons verts et les châtaignes d'eau. Faire frire en remuant pendant 2 minutes. Ajouter le porc. Remuer jusqu'à ce que le tout soit très chaud. Servir avec du riz.

Information nutritionnelle

1 portion : 149 calories; 15 g de protéines; 1,7 g de matières grasses (0,5 g de gras saturés, 32 mg de cholestérol); 152 mg de sodium

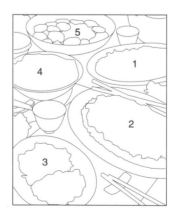

Fricassé italien aux courgettes

Servir sur du riz ou des pâtes ou comme légumes avec un plat de viande. Pour 6 personnes. Photo à la page 143.

Huile d'olive	1 c. à soupe	15 mL
Petites courgettes vertes ou jaunes, coupées en deux sur la longueur et tranchées en morceaux de 12 mm (¹/₂ po) d'épaisseur	4	4
Gros oignon rouge, émincé sur la hauteur	1	1
Basilic frais, tranché fin	¹/₄ tasse	60 mL
Gousse d'ail, émincée	1	1
Sel	1 c. à thé	5 mL
Poivre frais, moulu	¹/₈ c. à thé	0,5 mL
Grosses tomates italiennes, tranchées	6	6
Mozzarella partiellement écrémé, râpé	1 tasse	250 mL
Parmesan frais, râpé (facultatif)		

Réchauffer l'huile dans un grand wok à revêtement anti-adhésif ou une poêle. Faire frire en remuant les courgettes et l'oignon pendant 3 à 5 minutes, jusqu'à ce qu'ils soient tendres, mais encore croquants. Incorporer le basilic, l'ail, le sel et le poivre. ■ Étaler le mélange de courgettes dans le fond du wok. Étaler les tomates sur les courgettes. Répandre le mozzarella sur le dessus. Cuire 2 minutes, le temps de faire fondre le fromage. Ne pas remuer. Garnir de parmesan.

Information nutritionnelle

1 portion : 123 calories; 7 g de protéines; 6,1 g de matières grasses (2,5 g de gras saturés, 11,8 mg de cholestérol); 562 mg de sodium

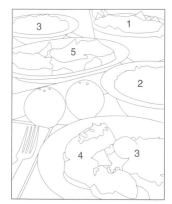

1. Patates douces croustillantes, page 153
2. Taboulé, page 118
3. Légumes grillés épicés, page 154
4. Poulet farci au crabe avec sauce au persil, page 97
5. Poisson à l'ananas, page 99

Poisson en sauce aux haricots noirs

Servir avec du riz. Donne 1,5 L (6 tasses). Photo à la page 143.

Huile de sésame	**1 c. à thé**	**5 mL**
Poisson blanc à chair ferme (morue ou flétan par exemple), coupé en bouchées	**1 lb**	**454 g**
Oignon moyen, émincé sur la hauteur	**1**	**1**
Gousse d'ail, émincée	**1**	**1**
Gingembre frais, émincé	**2 c. à thé**	**10 mL**
Gros poivrons verts, rouges, jaunes ou oranges, coupés en gros morceaux	**2**	**2**
Champignons frais, tranchés	**2 tasses**	**500 mL**
Pois en cosses frais (ou surgelés, dégelés)	**2 tasses**	**500 mL**
Sauce aux haricots noirs	**¹/₄ tasse**	**60 mL**
Eau froide	**1 c. à soupe**	**15 mL**
Sauce soja à faible teneur en sodium	**1 c. à soupe**	**15 mL**
Sucre granulé	**2 c. à thé**	**10 mL**
Fécule de maïs	**2 c. à thé**	**10 mL**

Réchauffer l'huile dans un grand wok à revêtement anti-adhésif ou une poêle. Ajouter le poisson. Faire frire en remuant pendant 2 minutes. Ajouter l'oignon, l'ail et le gingembre. Faire frire en remuant pendant 2 à 3 minutes, jusqu'à ce que l'oignon soit tendre. Avec une écumoire, mettre le poisson dans un plat. Laisser bouillir le liquide qui reste pour le réduire à 60 mL (¹/₄ tasse). ■ Ajouter les poivrons, les champignons et les pois. Faire frire en remuant pendant 1 minute. ■ Combiner la sauce aux haricots noirs, l'eau, la sauce soja, le sucre et la fécule de maïs dans une petite tasse. Ajouter aux légumes. Faire frire en remuant pendant 3 à 4 minutes, jusqu'à ce que les légumes soient tendres, mais encore croquants, et que la sauce ait épaissi. Ajouter le poisson et l'oignon. Remuer doucement.

Information nutritionnelle

250 mL (1 tasse) : 138 calories; 17 g de protéines; 2,4 g de matières grasses (0,3 g de gras saturés, 32,5 mg de cholestérol); 616 mg de sodium

....

Pour donner du goût à la viande maigre et l'attendrir, la faire mariner dans des mélanges épicés pendant quelques heures avant la cuisson. Il n'est pas nécessaire d'ajouter de l'huile à la préparation.

Fricassé de légumes

Si toute la famille met la main à la pâte, la préparation est rapide et la cuisson se fait en moins de 10 minutes! Pour 4 personnes. Photo à la page 143.

Bouillon aux légumes ou de poulet en cube à basse teneur en matières grasses	**1 × ¹/₃ oz**	**1 × 10,5 g**
Eau bouillante	**1 tasse**	**250 mL**
Gousses d'ail, émincées	**2**	**2**
Carottes, tranchées fin	**¹/₂ tasse**	**125 mL**
Tige de brocoli, tranchée fin	**1 tasse**	**250 mL**
Bouquets de brocoli	**2 tasses**	**500 mL**
Pois en cosses frais, taillés	**4 oz**	**125 g**
Gros oignon rouge, tranché en quartiers sur la hauteur	**1**	**1**
Fécule de maïs	**2 c. à soupe**	**30 mL**
Sauce soja à faible teneur en sodium	**2 c. à soupe**	**30 mL**

Dissoudre le cube de bouillon dans l'eau bouillante dans une petite tasse. Porter à ébullition 125 mL (¹/₂ tasse) de bouillon dans un grand wok à revêtement anti-adhésif ou une poêle. Ajouter l'ail, les carottes et les tiges de brocoli. Faire frire en remuant pendant 3 minutes, jusqu'à ce que les légumes soient tendres, mais encore croquants. ■ Ajouter les bouquets de brocoli et les pois. Faire frire en remuant pendant 2 minutes. Ajouter l'oignon. Faire frire en remuant pendant 1 minute. ■ Combiner 125 mL (¹/₂ tasse) de bouillon, la fécule de maïs et la sauce soja dans un petit bol. Mélanger jusqu'à ce qu'il ne reste plus de grumeaux. Ajouter le tout au mélange de légumes. Faire frire en remuant pendant 1 minute jusqu'à ce que la sauce épaississe.

Information nutritionnelle

1 portion : 81 calories; 5 g de protéines; 0,7 g de matières grasses (0,2 g de gras saturés, 0 mg de cholestérol); 828 mg de sodium

....

Remplacer le beurre ou la margarine par du vin, du jus de citron ou du bouillon pour faire sauter ou frire des aliments. Si l'on se sert d'huile, on peut en réduire la quantité nécessaire en chauffant au préalable la poêle. Il suffit de peu pour faire beaucoup et les aliments absorbent alors moins de gras.

Porc à l'ananas

On se sert de farine de riz pour rendre les côtelettes de porc croustillantes. On peut aussi utiliser de la farine tout usage, mais le résultat est moins croustillant. Donne 1,2 L (5 tasses). Photo à la page 143.

Côtelettes de longe de porc désossées, dégraissées	**12 oz**	**340 g**
Blanc d'un gros œuf, battu à la fourchette	**1**	**1**
Jus de citron, frais ou en bouteille	**1 c. à thé**	**5 mL**
Farine de riz	**¹/₃ tasse**	**75 mL**
Fécule de maïs	**2 c. à thé**	**10 mL**
Carottes miniatures, tranchées fin	**1 tasse**	**250 mL**
Petits morceaux d'ananas, en conserve, non égouttés	**19 oz**	**540 mL**
Jus d'ananas ou jus d'orange	**1 tasse**	**250 mL**
Vinaigre blanc	**1 c. à soupe**	**15 mL**
Cassonade, tassée	**2 c. à soupe**	**30 mL**
Ketchup	**2 c. à soupe**	**30 mL**
Gingembre moulu	**1 c. à thé**	**5 mL**
Sel	**¹/₄ c. à thé**	**1 mL**
Poivron vert moyen, coupé en lanières	**1**	**1**
Fécule de maïs	**2 c. à thé**	**10 mL**
Eau	**2 c. à thé**	**10 mL**

Couper les côtelettes en lanières de 12 mm (¹/₂ po). Combiner le blanc d'œuf et le jus de citron dans un bol moyen. Ajouter le porc et le napper du mélange. Combiner la farine de riz et la première quantité de fécule de maïs. Tamiser le tout sur le porc, et remuer à la fourchette pour bien couvrir le porc. Graisser légèrement un wok à revêtement anti-adhésif ou une poêle. Faire revenir le porc, en 2 fois, jusqu'à ce qu'il soit légèrement doré. ■ Ajouter les 8 prochains ingrédients. Couvrir. Laisser mijoter pendant 30 à 40 minutes. Ajouter le poivron vert. Couvrir. Laisser mijoter pendant 5 minutes, jusqu'à ce que le poivron vert soit tendre, mais encore croquant. ■ Délayer la seconde quantité de fécule de maïs dans l'eau, dans une petite tasse. Incorporer lentement au mélange de légumes et remuer jusqu'à ce que la sauce épaississe.

Information nutritionnelle

250 mL (1 tasse) : 288 calories; 17 g de protéines; 4,2 g de matières grasses (1,4 g de gras saturés, 38,6 mg de cholestérol); 282 mg de sodium

····································

Pour frire de la viande ou des légumes, se servir d'une poêle à revêtement anti-adhésif ou d'un wok, ou encore d'aérosol pour la cuisson, à la place de beurre, de margarine ou d'huile.

Légumes

ien des gens pensent que les légumes sont faibles en gras, alors pourquoi les inclurait-on dans *La*

cuisine faible en gras? Tout simplement parce qu'il y a des façons merveilleuses et inusitées de

préparer les légumes, par exemple en les faisant griller ou frire, pour compléter un plat

de résistance servi au dîner ou au souper.

Gratin de chou-fleur

Il est excellent réchauffé. Pour 6 personnes. Photo à la page 89.

Lait écrémé évaporé	13¹/₂ oz	385 mL
Farine tout usage	¹/₄ tasse	60 mL
Fécule de maïs	1 c. à soupe	15 mL
Poudre d'ail	¹/₄ c. à thé	1 mL
Bouillon à saveur de poulet en cube à basse teneur en matières grasses	1 × ¹/₃ oz	1 × 10,5 g
Poivron rouge, coupé en petits dés	¹/₂ tasse	125 mL
Sel	1 c. à thé	5 mL
Poivre blanc	¹/₈ c. à thé	0,5 mL
Oignons verts, tranchés	¹/₂ tasse	125 mL
Bouquets de chou-fleur cuits, bien égouttés	5 tasses	1,25 L
Céréales de riz croustillant (Special K par exemple)	1 tasse	250 mL
Cheddar râpé à basse teneur en matières grasses	¹/₂ tasse	125 mL

Combiner le lait évaporé, la farine et la fécule de maïs dans un bocal. Couvrir et remuer. Verser le tout dans une casserole. Ajouter les 5 derniers ingrédients et remuer jusqu'à ce que la préparation épaississe. Incorporer les oignons verts. ■ Mettre le chou-fleur dans une cocotte de 2 L (2 pte) légèrement graissée. Verser la sauce sur le chou-fleur et l'incorporer complètement, en pliant doucement. ■ Répandre les céréales et le fromage sur le dessus. Cuire au four à découvert à 350 °F (175 °C) environ 20 minutes, jusqu'à ce que le gratin soit bien chaud et que le fromage ait fondu.

Information nutritionnelle

1 portion : 164 calories; 12 g de protéines; 2,8 g de matières grasses (1,5 g de gras saturés, 8,5 mg de cholestérol); 985 mg de sodium

Casserole de pommes de terre à l'ail

Pour économiser de l'énergie, on peut griller l'ail au four pendant que l'on cuit un autre plat. Donne 1,25 L (5 tasses).

Tête d'ail	1	1
Pommes de terre moyennes, bouillies, pelées	6	6
Margarine de régime	2 c. à soupe	30 mL
Lait écrémé évaporé	¹/₄ tasse	60 mL
Sel	¹/₂ c. à thé	2 mL
Poivre	¹/₄ c. à thé	1 mL
Huile de canola (ou aérosol pour la cuisson)	¹/₂ c. à thé	2 mL

Paprika, une pincée

Prélever une fine tranche à l'extrémité plate de la tête d'ail, pour exposer toutes les gousses. Envelopper l'ail dans du papier d'aluminium. Cuire au four à 400 °F (205 °C) pendant 1 heure. Laisser refroidir l'ail jusqu'à pouvoir le manipuler, puis l'écraser pour en dégager la chair par le bout ouvert. ■ Combiner les pommes de terre tièdes, la margarine, le lait et la chair d'ail rôti dans un grand bol. Battre à basse vitesse jusqu'à ce que le mélange soit lisse. Saler et poivrer. Étaler le tout dans une cocotte de 2 L (2 pte) légèrement graissée. Huiler légèrement la surface des pommes de terre. ■ Saupoudrer de paprika. Cuire au four à 350 °F (175 °C) pendant 30 minutes pour réchauffer le tout.

Information nutritionnelle

250 mL (1 tasse) : 188 calories; 4 g de protéines; 3 g de matières grasses (0,5 g de gras saturés, 0,5 mg de cholestérol); 326 mg de sodium

Macédoine chinoise

Toute sauce serait superflue dans ce plat de légumes frais et croquants. Donne 1 L (4 tasses). Photo à la page 90.

Bouillon de poulet condensé (284 mL, 10 oz)	¹/₂ tasse	125 mL
Gousse d'ail, écrasée	1	1
Carottes, tranchées fin en diagonale	2	2
Haricots verts frais, tranchés en morceaux de 2,5 cm (1 po)	1¹/₂ tasse	375 mL
Oignon moyen, émincé sur la hauteur	1	1
Pois en cosses frais, taillés	1 tasse	250 mL
Petits champignons frais, entiers ou tranchés	2 tasses	500 mL
Fécule de maïs	2 c. à thé	10 mL
Eau	2 c. à soupe	30 mL

(Suite...)

Réchauffer le bouillon de poulet dans un grand wok à revêtement anti-adhésif jusqu'à ce qu'il bouillonne. Ajouter l'ail, les carottes et les haricots verts. Faire frire en remuant pendant 7 minutes. ■ Ajouter l'oignon, les pois et les champignons. Faire frire en remuant pendant 3 à 4 minutes, jusqu'à ce que les légumes soient tendres, mais encore croquants. ■ Délayer la fécule de maïs dans l'eau dans une petite tasse. Ajouter le tout aux légumes. Faire frire en remuant pendant 2 minutes, jusqu'à ce que la préparation épaississe.

Information nutritionnelle

250 mL (1 tasse) : 84 calories; 5 g de protéines; 0,8 g de matières grasses (0,2 g de gras saturés, 0,3 mg de cholestérol); 228 mg de sodium

Galettes de pommes de terre

On se sert d'un torchon pour sortir toute l'eau des pommes de terre crues râpées. Cuire les galettes dès que le mélange est prêt, car les pommes de terre crues brunissent rapidement. Donne 14 galettes.

Petit oignon, coupé en dés	1	1
Gousse d'ail, émincée	1	1
Gros œufs, battus à la fourchette	2	2
Sel	$1^1/_2$ **c. à thé**	**7 mL**
Poivre frais, moulu	$^1/_8$ à $^1/_4$ **c. à thé**	**0,5 à 1 mL**
Pommes de terre moyennes, pelées et râpées	4	4
Chapelure de flocons de maïs	$^1/_4$ **tasse**	**60 mL**
Farine tout usage	**2 c. à soupe**	**30 mL**
Poudre à pâte	$^1/_2$ **c. à thé**	**2 mL**

Combiner l'oignon et l'ail dans un mélangeur ou un robot culinaire. Pulser jusqu'à ce que le tout soit haché très fin, puis verser dans un grand bol. Combiner les œufs, le sel et le poivre. Ajouter le tout au mélange d'oignon. ■ Sortir tout le liquide des pommes de terre, puis les ajouter au mélange d'oignon. ■ Combiner la chapelure, la farine et la poudre à pâte. Incorporer au mélange de pommes de terre. Dresser le mélange à la cuillère, à raison de 60 mL ($^1/_4$ tasse) par galette, sur 2 plaques à pâtisserie légèrement graissées. Écraser les galettes avec une spatule. Cuire au four à 450 °F (230 °C) pendant 12 minutes. Retourner les galettes. Poursuivre la cuisson au four pendant 7 minutes, jusqu'à ce que les galettes soient bien dorées et croustillantes.

Information nutritionnelle

1 galette : 49 calories; 2 g de protéines; 0,8 g de matières grasses (0,2 g de gras saturés, 30,8 mg de cholestérol); 320 mg de sodium

Galettes de courgettes

Un bon moyen de cuire toutes les courgettes du jardin. Donne 12 galettes. Photo à la page 89.

Courgettes, non pelées, râpées	**3 tasses**	**750 mL**
Oignon, haché fin	**¹/₄ tasse**	**60 mL**
Demi-tomates séchées au soleil, ramollies dans l'eau **bouillante pendant 10 minutes, hachées**	**5**	**5**
Gros blancs d'œufs, battus à la fourchette	**2**	**2**
Chapelure fine	**²/₃ tasse**	**150 mL**
Sauce à salade à basse teneur en matières grasses **(ou mayonnaise)**	**1 c. à soupe**	**15 mL**
Farine de blé entier	**2 c. à soupe**	**30 mL**
Gousse d'ail, émincée	**1**	**1**
Origan déshydraté	**¹/₈ c. à thé**	**0,5 mL**
Basilic déshydraté	**¹/₈ c. à thé**	**0,5 mL**
Sel	**¹/₂ c. à thé**	**2 mL**
Poivre	**¹/₈ c. à thé**	**0,5 mL**

Combiner les 12 ingrédients dans un grand bol. Bien mélanger pour humecter la chapelure. Façonner les galettes avec 60 mL (¹/₄ tasse) du mélange à la fois. Réchauffer une poêle à revêtement anti-adhésif légèrement graissée. Cuire les galettes de 3 à 4 minutes de chaque côté, jusqu'à ce qu'elles soient croustillantes et dorées.

Information nutritionnelle

1 galette : 51 calories; 3 g de protéines; 0,8 g de matières grasses (0,1 g de gras saturés, 0,1 mg de cholestérol); 183 mg de sodium

Casserole de choucroute et de pommes de terre

En allemand, choucroute signifie «chou sur». En fait, l'invention est chinoise et date d'il y a plus de 2 000 ans. On faisait fermenter le chou dans du vin de riz, mais aujourd'hui on se sert de sel et d'épices. Donne 1,5 L (6 tasses).

Bouillon de poulet en poudre	**³/₄ c. à thé**	**4 mL**
Eau	**¹/₂ tasse**	**125 mL**
Oignon haché	**1 tasse**	**250 mL**
Choucroute, en conserve, égouttée	**16 oz**	**500 mL**
Graines de carvi (facultatives)	**1 c. à thé**	**5 mL**
Pommes de terre en purée ou en riz	**4 tasses**	**1 L**
Lait écrémé	**¹/₂ tasse**	**125 mL**
Sel	**¹/₂ c. à thé**	**2 mL**
Poivre	**¹/₄ c. à thé**	**1 mL**
Chapelure	**¹/₄ tasse**	**60 mL**
Cheddar râpé à basse teneur en matière grasses	**¹/₂ tasse**	**125 mL**
Paprika, une pincée		

(Suite...)

Réchauffer le bouillon en poudre et l'eau dans une grande poêle à revêtement anti-adhésif. Faire revenir l'oignon dans le bouillon jusqu'à ce qu'il soit mou et qu'il ne reste presque plus de liquide. ■ Ajouter la choucroute. Faire frire en remuant pendant 5 minutes. Ajouter les graines de carvi. ■ Mélanger les pommes de terre avec le lait, le sel et le poivre dans un bol. Incorporer la choucroute et l'oignon. Verser le tout dans une cocotte de 2 L (2 pte) légèrement graissée. Égaliser le dessus. ■ Combiner la chapelure et le fromage. Répandre sur le dessus du plat. Saupoudrer de paprika. Cuire au four à 350 °F (175 °C) pendant 30 minutes, jusqu'à ce que le plat soit chaud.

Information nutritionnelle

250 mL (1 tasse) : 226 calories; 8 g de protéines; 2,6 g de matières grasses (1,4 g de gras saturés, 6,5 mg de cholestérol); 811 mg de sodium

Patates douces croustillantes

La peau de la patate douce pâle est mince et jaunâtre et la chair est jaune pâle. Cuite, elle n'est pas sucrée. La patate douce plus foncée a une peau orange plus épaisse et une chair orange qui reste moelleuse après la cuisson. Pour 4 personnes. Photo à la page 144.

Gros blancs d'œufs (ou 60 mL, ¹/₄ tasse, de succédané de blancs d'œufs comme Simply Egg Whites)	**3**	**3**
Poudre d'ail	**¹/₂ c. à thé**	**2 mL**
Céréales de flocons de maïs, écrasées	**¹/₂ tasse**	**125 mL**
Produit de parmesan léger râpé	**¹/₄ tasse**	**60 mL**
Persil en flocons	**1 c. à thé**	**5 mL**
Basilic déshydraté	**1 c. à thé**	**5 mL**
Patates douces (pâles ou oranges), non pelées, coupées en tranches de 12 mm (¹/₂ po)	**1¹/₂ lb**	**680 g**

Battre les blancs d'œufs avec la poudre d'ail dans un petit bol. ■ Combiner les céréales, le produit de parmesan, le persil et le basilic dans un moule à tarte. ■ Tremper chaque tranche de patate douce dans le mélange d'œufs, puis dans celui de céréales. Bien les enrober, puis les poser sur une plaque à pâtisserie de 28 x 43 cm (11 x 17 po) légèrement graissée. Cuire au four à 425 °F (220 °C) pendant 20 minutes. Retourner les tranches et poursuivre la cuisson au four pendant 10 minutes, jusqu'à ce que les patates soient tendres.

Information nutritionnelle

1 portion : 259 calories; 12 g de protéines; 1,5 g de matières grasses (0,7 g de gras saturés, 2,6 mg de cholestérol); 302 mg de sodium

Variante : Remplacer les patates douces par des pommes de terre.

Légumes grillés épicés

Servir tièdes ou froids, comme salade. Donne 2 L (8 tasses). Photo à la page 144 et sur la couverture.

Haricots verts cuits, coupés en morceaux de 2,5 cm (1 po)	**2 tasses**	**500 mL**
Carottes miniatures, coupées en tranches diagonales de 12 mm ($^1/_2$ po)	**1 tasse**	**250 mL**
Poivron rouge, coupé en morceaux de 4 cm (1$^1/_2$ po)	**1**	**1**
Poivron jaune, coupé en morceaux de 4 cm (1$^1/_2$ po)	**1**	**1**
Petites pommes de terre nouvelles, coupées en quatre	**2 lb**	**900 g**
Vinaigrette italienne à basse teneur en matières grasses	**$^1/_2$ tasse**	**125 mL**
Sel	**$^1/_2$ c. à thé**	**2 mL**
Poivre	**$^1/_4$ c. à thé**	**1 mL**
Tête d'ail	**1**	**1**
Vinaigre balsamique	**$^1/_3$ tasse**	**75 mL**
Huile d'olive	**1 c. à soupe**	**15 mL**
Romarin déshydraté, moulu	**$^1/_2$ c. à thé**	**2 mL**
Oignons verts, tranchés	**$^1/_2$ tasse**	**125 mL**
Persil frais, haché, pour garnir	**2 c. à soupe**	**30 mL**

Blanchir les haricots verts dans l'eau bouillante pendant 1 minute. Rincer à l'eau froide. Les égoutter et les mettre dans un petit bol. ■ Combiner les 4 prochains ingrédients dans un grand bol. Incorporer la vinaigrette, le sel et le poivre. Étaler les légumes sur une grande plaque à pâtisserie légèrement graissée. ■ Prélever une fine tranche à l'extrémité plate de la tête d'ail, pour exposer toutes les gousses. Poser la tête d'ail, côté coupé vers le haut, au milieu des légumes. Cuire au four à 400 °F (205 °C) pendant 45 minutes. Ajouter les haricots verts et poursuivre la cuisson au four pendant 15 minutes, jusqu'à ce que les pommes de terre soient tendres. Mettre les légumes dans un grand plat. ■ Dégager la chair de l'ail rôti et le mettre dans un petit bol. Incorporer le vinaigre, l'huile, le romarin et les oignons verts. Bien mélanger. Verser le tout sur les légumes. ■ Garnir de persil.

Information nutritionnelle

250 mL (1 tasse) : 179 calories; 4 g de protéines; 2,5 g de matières grasses (0,3 g de gras saturés, 1 mg de cholestérol); 414 mg de sodium

conseil

Pour que les légumes cuits à la vapeur soient aussi nutritifs que savoureux, il faut les choisir aussi frais que possible.

Tableaux de mesures

Dans cet ouvrage, les quantités sont données en mesures impériales et métriques. Pour compenser l'écart entre les quantités quand elles sont arrondies, une pleine mesure métrique n'est pas toujours utilisée. La tasse correspond aux huit onces liquides courantes. La température est donnée en degrés Fahrenheit et Celsius. Les dimensions des moules et des récipients sont en pouces et en centimètres ainsi qu'en pintes et en litres. Une table de conversion métrique exacte, avec l'équivalence pratique (mesure courante), suit.

TEMPÉRATURES DU FOUR

Fahrenheit (°F)	Celsius (°C)
175°	80°
200°	95°
225°	110°
250°	120°
275°	140°
300°	150°
325°	160°
350°	175°
375°	190°
400°	205°
425°	220°
450°	230°
475°	240°
500°	260°

CUILLERÉES

Mesure courante	Métrique Conversion exacte, en millilitres (mL)	Métrique Mesure standard, en millilitres (mL)
$1/8$ cuillerée à thé (c. à thé)	0,6 mL	0,5 mL
$1/4$ cuillerée à thé (c. à thé)	1,2 mL	1 mL
$1/2$ cuillerée à thé (c. à thé)	2,4 mL	2 mL
1 cuillerée à thé (c. à thé)	4,7 mL	5 mL
2 cuillerées à thé (c. à thé)	9,4 mL	10 mL
1 cuillerée à soupe (c. à soupe)	14,2 mL	15 mL

TASSES

$1/4$ tasse (4 c. à soupe)	56,8 mL	60 mL
$1/3$ tasse ($5^{1}/_{3}$ c. à soupe)	75,6 mL	75 mL
$1/2$ tasse (8 c. à soupe)	113,7 mL	125 mL
$2/3$ tasse ($10^{2}/_{3}$ c. à soupe)	151,2 mL	150 mL
$3/4$ tasse (12 c. à soupe)	170,5 mL	175 mL
1 tasse (16 c. à soupe)	227,3 mL	250 mL
$4^{1}/_{2}$ tasses	1 022,9 mL	1 000 mL (1 L)

MOULES

Mesure courante, en pouces	Métrique, en centimètres
8x8 po	20x20 cm
9x9 po	22x22 cm
9x3 po	22x33 cm
10x15 po	25x38 cm
11x17 po	28x43 cm
8x2po (rond)	20x5 cm
9x2 po (rond)	22x5 cm
$10x4^{1}/_{2}$ po (cheminée)	25x11 cm
8x4x3 po (pain)	20x10x7 cm
9x5x3 po (pain)	22x12x7 cm

MESURES SÈCHES

Mesure courante, en onces (oz)	Métrique Conversion exacte, en grammes (g)	Métrique Mesure standard en grammes (g)
1 oz	28,3 g	30 g
2 oz	56,7 g	55 g
3 oz	85,0 g	85 g
4 oz	113,4 g	125 g
5 oz	141,7 g	140 g
6 oz	170,1 g	170 g
7 oz	198,4 g	200 g
8 oz	226,8 g	250 g
16 oz	453,6 g	500 g
32 oz	907,2 g	1 000 g (1 kg)

RÉCIPIENTS (Canada et Grande-Bretagne)

Mesure courante	Mesure métrique exacte
1 pte (5 tasses)	1,13 L
$1^{1}/_{2}$ pte ($7^{1}/_{2}$ tasses)	1,69 L
2 pte (10 tasses)	2,25 L
$2^{1}/_{2}$ pte ($12^{1}/_{2}$ tasses)	2,81 L
3 pte (15 tasses)	3,38 L
4 pte (20 tasses)	4,5 L
5 pte (25 tasses)	5,63 L

RÉCIPIENTS (États-Unis)

Mesure courante	Mesure métrique exacte
1 pte (4 tasses)	900 mL
$1^{1}/_{2}$ pte (6 tasses)	1,35 L
2 pte (8 tasses)	1,8 L
$2^{1}/_{2}$ pte (10 tasses)	2,25 L
3 pte (12 tasses)	2,7
4 pte (16 tasses)	3,6 L
5 pte (20 tasses)	4,5 L

Index

Bon de commande par la poste

Les livres de cuisine Jean Paré
sont en vente partout!

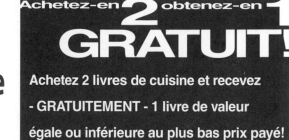

Achetez-en 2 obtenez-en 1 GRATUIT!

Achetez 2 livres de cuisine et recevez

- GRATUITEMENT - 1 livre de valeur

égale ou inférieure au plus bas prix payé!

LIVRES DE CUISINE JEAN PARÉ

QUANTITÉ		QUANTITÉ		QUANTITÉ	
	150 délicieux carrés		Les tartes		Les pains
	Les casseroles		Les recettes légères		La cuisine sans viande
	Muffins et plus		La cuisson au micro-ondes		La cuisine pour deux
	Les salades		Les conserves		Déjeuners et brunches
	Délices des fêtes		Les casseroles légères		Les biscuits NOUVEAU (août 1998)
	Les pâtes		Poulet, etc.		
	Les barbecues		La cuisine pour les enfants		
	Les dîners		Poissons et fruits de mer		

Également publiés en anglais

NOMBRE DE LIVRES ACHETÉS		COÛT			NOMBRE DE LIVRES GRATUITS
	X	12,99 $	=	$	

SÉRIE SÉLECTE

QUANTITÉ		QUANTITÉ	
	Sauces et marinades		Des repas en trente minutes
	Bœuf haché		Salades à préparer d'avance
	Haricots et riz		Desserts sans cuisson

Également publiés en anglais

NOMBRE DE LIVRES ACHETÉS		COÛT			NOMBRE DE LIVRES GRATUITS
	X	9,99 $	=	$	

TITRES INDIVIDUELS

	NOMBRE DE LIVRES ACHETÉS		COÛT			NOMBRE DE LIVRES GRATUITS
Jean Paré célèbre Noël		X	19,99 $	=	$	
Les marmitons - Les collations		X	14,99 $	=	$	
La cuisine faible en gras NOUVEAUTÉ		X	14,99 $	=	$	

Également publiés en anglais

- FAIRE LE CHÈQUE OU LE MANDAT À :
  COMPANY'S COMING PUBLISHING LIMITED
- COMMANDES HORS CANADA : *Doivent être réglées en devises américaines par chèque ou mandat tiré sur une banque canadienne ou américaine, ou par carte de crédit.*
- *Prix susceptibles de changer sans préavis.*
- *Désolé, pas de paiement sur livraison.*

Portez le montant à MasterCard ou à Visa (cochez la case applicable)

MONTANT TOTAL DE LA COMMANDE	$
Frais d'expédition et de manutention (chaque destination)	5,00 $
SOUS-TOTAL	$
T. P.S./ T.V.H. (7%)	$
MONTANT TOTAL INCLUS	$

○ MasterCard   ○ VISA

N° de compte _____

Date d'expiration _____

Nom du titulaire de la carte _____

Signature du titulaire de la carte _____

OUI!

**Frais d'expédition et de manutention bas—
PEU IMPORTE LA TAILLE DE LA COMMANDE**

Expédiez-moi un catalogue

○ **Français** ○ **Anglais**

des recettes fiables
jour après jour

Les Livres de cuisine Jean Paré sont en vente partout.

Information :

COMPANY'S COMING PUBLISHING LIMITED
C.P. 8037, succursale F
Edmonton (Alberta)
Canada T6H 4N9
Tél. : (403) 450-6223 (en anglais)
Télécopieur : (403) 450-1857